JN074760

習近平「一強」体制の行方

遊川 和郎・湯浅 健司 ［編著］

文眞堂

序　　文

　日本経済研究センターは日本経済新聞社からの受託研究として，1999 年度から中国研究プロジェクトを継続的に実施している。この報告書は 2021 年度の中国研究プロジェクトの成果物である。今回の研究テーマは「習近平『一強』体制の行方」とした。

　2022 年秋の共産党大会において異例の 3 期目入りを目指す習近平政権は，一党支配の揺らぎを防ぎ長期政権を確実なものとするため，2021 年に入って国内の統制強化を急いでいる。社会の格差是正に重きを置き，巨額の富を生み出したテック企業や不動産業者，教育産業など民間企業への締め付けを強めた。

　新型コロナウイルスの感染を完全に抑制できない状況にあって，2021 年の中国経済は 4 月以降，急速に成長のスピードが落ち込んでいる。22 年の大幅な回復は期待しにくく，実質成長率は 5% 割れとなるとの予想もある。そうした中，経済の活力を削ぐような統制強化は中国の中長期的な発展にどのような影響を与えるのだろうか。

　本年度の研究プロジェクトでは「一強体制」をキーワードとして，中国が抱える課題と今後の展望を多角的に検証，研究した。

　研究プロジェクトの座長は中国経済の研究で活躍され，香港，上海，北京市での駐在経験もある亜細亜大学アジア研究所教授の遊川和郎氏にお願いした。遊川氏には全体の構成や各章の内容について，実に多くの点をご指導いただいている。このほか，昨年度までの研究会メンバーを大幅に入れ替え，ベテランの専門家から新進気鋭の学者まで多彩な方々を招聘した。報告書の編集作業は日本経済研究センターの湯浅健司が担当した。

　各章とも研究会における議論や意見交換を通じて内容を深め，悲観的でも楽観的でもない，客観的な立場から見た中国を描くように心がけた。また，新しい試みとして，研究会メンバーにはそれぞれのテーマに基づいて，日本経済研究センターの会員向けに講演もしていただいている。聴講者からは毎回，熱心

な質問が出され，会員の中国対する関心の高さをうかがうことができた。

　本報告書はそうした講演や研究会での議論をもとに作成した。不十分な点があるならば，それはひとえに編集者の責任である。

　2022 年は共産党大会に加え，中国と日本の国交正常化 50 周年にもあたる。節目の年を迎えた中国について，本報告書が少しでも理解の助けとなれば幸いである。

　2022 年 3 月

日本経済研究センター首席研究員兼中国研究室長

湯浅健司

目　　次

第7章

中国は環境問題で世界をリードするか

——深まる自信，長期目標には課題も ……………………………… *123*

第8章

「一国二制度2.0」で揺れる香港

——再出発へ本土との融合避けられず ………………………………… *143*

第9章

変化する中国の産業構造

——デジタル新興企業，秩序ある低成長に ……………………………… *163*

序章

「ゼロコロナ」「ウクライナ侵攻」が圧力
──経済・外交の再構築が習政権の課題に

日本経済研究センター首席研究員

湯浅健司

◉ポイント

▶中国を巡る情勢は 2022 年 3 月に前後して，大きく 2 つの要因から，一段と混迷の度を増した。1 つは新型コロナウイルスの感染に伴う大規模な都市封鎖と経済の失速，2 つ目はロシアによるウクライナ侵攻である。

▶2022 年 3 月から吉林省長春市，広東省深圳市，上海市で相次ぎ都市封鎖が実施され，その都度，経済活動が著しく阻害された。特に封鎖が 2 カ月に及んだ上海は中国全体の経済成長のスピードを大きく損ねただけでなく，海外にも影響を広げ，外資の中国離れも招いた。3 期目の習近平総書記（国家主席）が疲弊した経済を再建するためには，中小企業と外資対策が課題となる。

▶ロシアによるウクライナ侵攻は中国に大きな衝撃を与えた。表立ってはロシア寄りの姿勢を見せるが，過度に肩入れすれば，欧米はロシアと中国を同一の専制主義体制とみなして対峙することになる。国際社会との無用な軋轢を招きかねないウクライナ情勢をにらみつつ対米関係を修復することが，習氏が目指す長期政権の安定化につながるだろう。

◉注目データ ☞ 中国の実質成長率の推移（四半期）

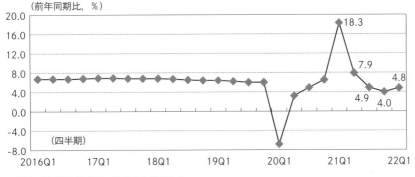

（前年同期比，％）

（注）中国国家統計局の統計から筆者作成

1．はじめに～序文にかえて

　本書は，日本経済研究センターが 2021 年度に日本経済新聞社から受託した中国研究プロジェクトの報告書を再編成したものである。同プロジェクトでは，「習近平『一強』体制の行方」というテーマのもと，中国が抱える課題と今後の展望を多角的に検証，研究しており，報告書は研究成果をまとめる形で 2022 年 3 月に発行した。いずれの章も中国が抱える長期的な課題や展望を主に取り上げている。

　例えば，急速に進む高齢化と人口減少の懸念がある。これらは労働力の逼迫を招き，経済の潜在成長力を低下させる（第 5 章）。また，中国は改革開放路線に伴う急速な工業化によって，2005 年頃には世界最大の二酸化炭素（CO_2）排出国となった。国内外の影響は大きく，環境問題への対応は待ったなしの状況にある（第 7 章）。こうした問題の重要性は 2022 年以降も大きくは変わらない。

　しかし，中国を巡る情勢は 2022 年 3 月に前後して，大きく 2 つの新たな要因から，一段と混迷の度を増した。

　1 つは新型コロナウイルスの感染が各地で広がり，徹底した封じ込めを図る「ゼロコロナ」政策のもとで大規模な都市封鎖が相次いだことだ。中でも 3 月末から約 2 カ月に及んだ上海市の封鎖は，中国国内だけでなく，世界経済に大きなマイナスの影響を及ぼした。

　2 つ目はロシアによるウクライナ侵攻である。欧米がロシアとの対決色を強め制裁を科す中，中国はこれに反対し，結果として欧米との溝を深めてしまった。ロシアの一方的な軍事侵略は，中国による台湾の武力統一をも想起させ，米国はアジア情勢への関与をより強めるようになった。また，対ロ制裁は国際的な資源価格の高騰を招き，中国経済にも大きなダメージとなっている。

　こうした経済，外交両面における情勢変化は，今後の中国の行方を大きく揺さぶる可能性がある。

　2022 年秋の共産党大会において，習近平総書記（国家主席）は異例の 3 期目入りが確実視されている。習氏にとって目下の政治状況は盤石であり，3 選を阻むような政敵は見当たらないからだが，経済，外交において習氏が対応を

誤れば，強固な権力基盤にひびが入り，たとえ党大会を乗り切っても，その後の長期政権を危うくする可能性がある。

　残念ながら，こうした新たな情勢変化の分析は，2021 年度の中国研究プロジェクトでは間に合っていない。報告書の書籍化に際し，この章は本書の序文として追加し，プロジェクトでは触れられなかった，中国の新たな変動要因を外観してみたい。

2．ゼロコロナと経済減速

2.1　相次ぐ都市封鎖

　中国の本土では 2022 年に入り，1～2 月は新型コロナの感染者数に目立った動きはなかった。しかし，香港で春節（旧正月）の連休明けから感染者が急増，人口当たりの死者数が一時は世界最悪になると，本土でも 3 月から感染者が増加し始める。

　最初に火の手が上がったのは，香港から遠く離れた東北部，吉林省省都の長春市だ。3 月 1～11 日の市中感染者は 78 人と，海外に比べれば決して多くはなかったが，ウイルスの封じ込めを図る「ゼロコロナ」を標榜する当局は 11 日から実質的な都市封鎖に踏み切った。市内にはトヨタ自動車や独フォルクスワーゲンの合弁工場があり，封鎖に伴って操業が止まった。

　続いて，香港に接する広東省の深圳，東莞市で感染が広がり，3 月 14 日から封鎖が始まる。深圳や東莞は IT 関連の産業集積地であり，このころから「ゼロコロナ」政策による経済活動の停滞を危ぶむ声が国内外で強まり始める。しかし，指導部はひとたび掲げた方針を撤回することはなかった。

　深圳などで都市封鎖が始まった 3 日後の 3 月 17 日，習近平総書記（国家主席）は共産党の最高意思決定機関，政治局常務委員会を開き，全国で「ゼロコロナ」を徹底するように指示した。習氏は会議で新型コロナの「拡散とまん延の勢いをできるだけ早く抑制せよ」と述べるとともに，地方幹部が職務を怠り流行の拡大を防げなかった場合，直ちに調査して責任を厳しく問うことも確認した。

　実際，この日には長春市の保健当局トップら幹部が，感染拡大の予防と対策

図表1 中国の 2022 年の新型コロナの主な動き

2月	香港で春節の連休明けから感染者が増加。3月には1日当たりの感染者数が4万人を超えるとともに，人口当たりの死者数も世界最悪に。
3月11日	吉林省長春市が新型コロナの拡大を受けて，実質的な都市封鎖を開始。約900万人の全市民の外出が制限された。市内にあるトヨタ自動車の乗用車工場が操業停止に。
3月14日	中国広東省深圳市と東莞市で都市封鎖が開始。米アップルのアイフォーン生産を請け負っている富士康（フォックスコン）深圳工場など市内の大部分の企業や工場が操業停止状態に。
3月17日	習近平総書記（国家主席）が政治局常務委員会の会議を主宰し，新型コロナの感染を封じ込める「ゼロコロナ」政策の徹底と早期の感染拡大抑止を指示。
3月24日	遼寧省瀋陽市が都市封鎖を開始。独BMWの自動車工場が操業を停止。
3月28日	上海市が市の東半分で実質的な都市封鎖措置を導入。4月1日からは西半分で同様の措置が始まる。同市はそれまで「経済に及ぼす影響が極めて大きい」として都市封鎖に否定的な考えを示してきたが，感染拡大に歯止めがかからないため方針を転換。封鎖は6月1日まで続いた。
4月	北京市でも新型コロナ関連の規制を強化

（出所）各種の報道から筆者作成

で職務怠慢があったとして解任などの処分を受けた。一連の騒動の発火点となった香港でも，林鄭月娥行政長官が次期行政長官選挙への出馬を断念した。本人は「家庭の事情」としているが，感染拡大を防げず，中央政府から責任を問われた可能性がある（図表1）。

2.2 ゼロコロナの理由と国産ワクチンの限界

　指導部はなぜ「ゼロコロナ」にこだわるのか。共産党機関紙，人民日報は4月7日付けの論評で「中国ではゼロコロナだけが医療資源の枯渇を回避し，高齢者や基礎疾患がある人の死亡を防ぐことができる」と説明している。先進国に比べて，極端に医療施設が不足する中国では，風邪など軽度の疾病でも病院で診察を受けるには時間と費用がかかる。コロナ禍の初期，2020年に湖北省武漢市で起きたような医療崩壊を繰り返さないためには，ワクチン接種とPCR検査を徹底し，感染者が1人でも出たら人の移動を完全に止めて患者の拡大を防ぐしか方法がない。

　感染防止のカギを握るワクチンは国産に頼っており，有効性が疑問視されている。地政学リスクを分析する米ユーラシア・グループは1月，2022年の世

界の「10大リスク」を発表し，1位に「ゼロコロナ政策の失敗」を挙げた。その理由として「国産ワクチンの有効性が限定的なため」としている。

　中国が使用しているのは国有企業の中国医薬集団などが手掛ける「不活化ワクチン」だ。世界に先駆けてワクチンを実用化したのはいいが，米ファイザーやモデルナ製の「メッセンジャー RNA（mRNA）」型より有効性に劣るとされる。民間の製薬大手，復星医薬（上海市）は2021年夏の時点で独ビオンテックがファイザーと共同開発したmRNAワクチンの量産体制を整えたが，当局は欧州連合（EU）が中国製ワクチンを承認していないことや，国有大手がmRNA型を開発しており競合する恐れがあることなどから，復星医薬の承認には後ろ向きとされる。これが事実なら，現在のコロナ禍は当局の失政が招いたものとも言えよう。

2.3　上海の悲劇〜外資の中国離れ招く

　長春や深圳などでの相次ぐ都市封鎖によっても新規感染の飛び火は収まらず，3月下旬には中国最大の経済都市，上海市でも感染者が急増し始めた。市当局は当初，「上海は国際都市であり，経済活動の停滞は国内だけでなく海外にも大きく影響する」として，都市封鎖を否定していたが，習氏の指示が出ると，その10日後の3月27日，翌28日から市民の外出制限を始めると発表。「上海はよそとは別」と信じていた市民は，外出制限により持病の治療が受けられなくなったり，PCR検査で陽性となると無症状でも強制隔離されたりするなど，当局が手のひらを返したような厳しい姿勢に転じたことに強く反発。ネット上で公然と当局を批判する声があがるようになった。

　6月1日まで実に2カ月余り続いた上海の封鎖は，市民に困窮を強いただけでなく，中国経済に深刻な打撃を与えた。期間中，米テスラの完成車工場をはじめ，市内やその周辺にある工場の大半が操業を止めざるを得なくなった。流通業でも日系ではローソンなどコンビニやカジュアル衣料品店「ユニクロ」が相次ぎ休業。物流の市内を通るトラック輸送が不可能となったほか，世界最大のコンテナ取扱量を誇る上海港も倉庫作業などに深刻な影響を受け，港湾内の貨物が滞留するなどサプライチェーンが寸断される事態となった。中国からの部品供給が止まったため，日本ではマツダが一時操業を止めるなど，その影響

は海外にも広がった。

　オランダ金融大手 ING は 4 月上旬，上海の封鎖が 4 月末まで続けば，中国の国内総生産（GDP）が 2% 失われる可能性がある，との試算を公表した。実際の封鎖期間はその 2 倍となり，被害は試算を大きく上回ったとみられる。

　5 月の中国経済の主要統計をみると，工業生産の伸びが 2 年ぶりに減少したほか，社会消費品小売総額も自動車販売や飲食業の不振を受けて前月よりマイナス幅が大きく拡大。経済成長のけん引役となってきた輸出は物流の混乱を受け，3.9% 増と低い伸びに止まった。経済の減速を受け，主要 31 都市の調査失業率は 6.7% とここ数年では最も高い水準になった。

　上海の大混乱を受け，現地に進出する外資系企業の間には大きな動揺が広がった。香港のネット・メディアが 4 月中旬に，上海在住の外国人 950 人を対象に行った調査では，48% が「今後 1 年以内に上海を離れたい」と回答したという。

　上海日本商工クラブが進出企業を対象に実施したアンケート調査（調査期間 5 月 27〜31 日，有効回答 129 社）では，対中投資を今後「減らす」か「遅らせる」とした企業が全体の 14% に達した（図表 2）。2022 年の収益見通しについては，88% が「マイナス」と回答している。上海米国商会も 6 月中旬に会員企業 133 社を対象に行ったアンケート調査の結果を公表。今後の対中投資計

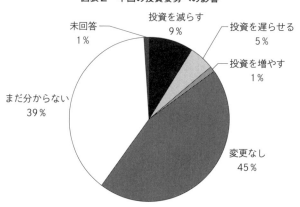

図表 2　中国の投資姿勢への影響

未回答　1%
投資を減らす　9%
投資を遅らせる　5%
投資を増やす　1%
変更なし　45%
まだ分からない　39%

（出所）上海日本商工クラブのアンケート調査から筆者作成

画を「減額・延期する」と回答した割合は上海日本商工クラブを大きく上回る48％にのぼった。

　もともと一部の外資系企業はコスト高などを理由に，生産拠点を中国から東南アジアなどに移転させ始めていた。上海における「ゼロコロナ」の悲劇は，こうした外資の「中国離れ」を加速させることとなった。

2.4　景気テコ入れに動く政府〜効果は未知数

　「ゼロコロナ」による混乱をみて，海外の民間調査機関は中国の2022年の成長率見通しを5月になって相次ぎ引き下げた。国際通貨基金（IMF）は4月時点で中国の22年の成長率を従来予想から0.4ポイント下げ4.4％としたが，民間機関の見方はそれよりさらに厳しい。例えば，米シティグループは従来の5.1％から4.2％に，米ゴールドマン・サックスは4.5％から4.0％に，米ブルームバーグ・エコノミクスは基本シナリオを3.6％から2.0％にそれぞれ下方修正した。

　多くは感染が年後半に落ち着いたとしても，都市封鎖のマイナスの影響で4〜6月期が大きく落ち込むため，通年の成長も当初予想より低くなるとみている。中国政府の年間目標は5.5％だが，目標達成を予想する調査機関はほとんどいない。

　中国政府も目標達成を危ぶむとともに，経済の停滞が全国的に失業率を高めている（図表3）ことにより強い危機感を抱き，対策づくりを急ぐ。5月23日には6分野33項目に及ぶ景気安定策を明らかにした。公共投資の前倒しや税還付の積み増し，乗用車購入税の減額，零細企業向け融資の拡大などがその柱だ。さらに25日には，中国全土の県クラスの行政幹部まで含めた約10万人が参加する，オンラインの「全国経済安定会議」を開催。主宰した李克強首相は，景気政策を徹底させ「4〜6月には適度な経済成長を確保して，失業率が早く下がるよう努力せよ」と発破をかけた。

　一連の対策がどこまで効果を表すのか不透明だ。中国政府は欧米や日本で実施されている「休業補償」など企業などへの直接支援には及び腰だ。税負担の緩和などが企業支援の中心だが，零細事業主は都市封鎖によって収入を絶たれており，納税したくてもできない状態にあり，享受できる恩恵は乏しい。公共

図表3　中国の調査失業率の推移

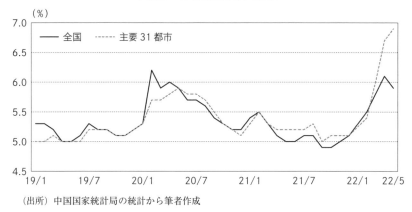

（出所）中国国家統計局の統計から筆者作成

投資の前倒しにも限界があり，秋以降は息切れとなる懸念も強い。上海の調査でみられるように，外資系企業の事業縮小や撤退などが相次げば，一段の景気減速を招くだろう。

共産党大会の開催が予定される秋までには，政府によるコロナ禍抑え込みが一定の成果を見せ，中国経済も短期的にはある程度は上向くと思われる。しかし，疲弊した中小零細企業の蘇生や外資離れの食い止めを急がなければ景気の本格回復は難しく，長期的に安定した経済運営は難しいし，失業率の改善も期待できない。

失業者の増大を食い止められないと，都市封鎖などで溜まった庶民の不満はさらに高まり，社会の安定を危うくすることになりかねない。それこそが，習指導部が最も恐れるリスクである。中小企業と外資対策が3期目の習氏の経済面での課題である。

2.5　民間企業への締め付け緩和の動き

習近平主席は2021年に入って，巨額の富を生み出したテック企業や不動産業者，教育産業など民間企業への締め付けを強めた（第4章参照）。企業への圧迫は経済の活力を失わせ，中国の長期的な安定成長を阻害することが懸念されたが，国内経済の失速を受けて，ここに来て，その姿勢を微調整する動きが見られる。

　現地の報道などによると，全国政治協商会議（政協）は5月17日，デジタル経済の健全な発展をテーマとした会議を開いた。会議に出席した経済担当の劉鶴副首相は「民営企業の健全な発展やデジタル企業の国内外の資本市場での上場を支持する」と述べたとされる。4月下旬の共産党政治局会議では，ネット大手の健全な発展を促すとの方針が確認されている。劉副首相の発言はそこから一歩踏み込んで，これまで規制していたネット企業の海外上場を容認するという，方針転換を示したものとみられる。

　劉副首相の発言に呼応するかのように，6月に入って，中国当局が①配車アプリ最大手，滴滴出行（ディディ）に対して，停止させていた新規利用者のアプリのダウンロードの再開を認めた②アリババ集団傘下の金融会社，アント・グループの新規株式公開手続きの再開を容認した——といった報道が相次いだ。

　当局は直ちには報道を認めてはいない。しかし，コロナ禍で苦しむ中国経済の起爆剤として，これまでも経済発展に大いに貢献してきた民間企業の力に改めて期待していることは間違いない。政府による景気刺激策の限界が懸念される中，習指導部はいかにして企業の活力を引き出そうとするのか，その政策が期待される。

3．ウクライナ侵攻と中国

　ロシアによるウクライナ侵攻は中国に大きな衝撃を与えた。西側主導の経済政策に反対するなどロシア寄りの姿勢を見せるが，過度に肩入れすれば，欧米はロシアと中国を同一の専制主義体制とみなして対峙することになる。長期政権をにらむ習近平主席にとっては，国内の安定だけでなく，国際社会との無用な軋轢を避けて，今秋の共産党大会を乗り切りたい。ウクライナを巡る国際情勢は習氏にとって大きなリスクといえる。

3.1　過度の関与を避けたい中国

　ウクライナ侵攻が始まってから，習氏は精力的に動いた。2月25日にはロシアのプーチン大統領と電話で会談し，「交渉によって問題解決することを支

持する」と軍事侵攻の自制を求めた。一方，3月8日にはフランスのマクロン大統領やドイツのショルツ首相とオンライン協議を行い，米欧日のロシアに対する経済制裁は「世界の金融，エネルギー，交通，サプライチェーンの安定に衝撃を与える」と述べ，反対する姿勢を表明した。

　相次ぐ首脳会談の一方で，ロシアに対する経済協力もちらつかせる。ロシア産の小麦や天然ガスの輸入拡大を図るほか，ロシアの銀行と中国の国際銀行間決済システムを使った人民元決済の利用増も予想されている。3月18日に行われた米中首脳のオンライン協議で，バイデン米大統領はそうした経済協力が，ひいては中国への制裁につながるとして，対ロ支援を断念するよう迫ったが，習氏は明確な態度を示さず協議を終えた。

　一連の流れを見ると，そこには中国がウクライナ侵攻に関して，ロシアに接近しつつも極端に介入して西側からロシアと「同じ穴の狢」と見られないよう，注意を払っている外交姿勢が垣間見られる。

　侵攻が長期化する中で，ウクライナ問題にはなお深入りはしていない。西側からは仲介役を期待されるが，あくまで不干渉の姿勢を打ち出し，ロシアとは関係を悪化させない程度に，どちらかというと中立的な立ち位置を保っている。欧米や日本からは，ロシアの侵攻を非難せずに黙って見逃し，ウクライナとの停戦にも動こうとしない姿勢に不満が募るばかりだが，中国は曖昧な態度をとりながら時間を稼ぎ，事態が収束するのを待っているとも思われる。

　ただ，戦闘が泥沼化して長引けば，ロシアから一段の協力強化を求められることも予想される。そうなった場合，習氏はどう対応するのか。極めて微妙な外交のかじ取りが必要となるだろうし，対応を間違えれば，政権の命取りにもなりかねない。

3.2　水面下で対米関係修復探る

　ウクライナ侵攻は習氏が目標とする台湾統一にも影響を与える。ロシアに対する国際社会の強烈な反発を見れば，仮に中国が台湾に武力侵攻した場合も同様の激しいしっぺ返しを食うのは必至だ。欧米とのサプライチェーンの断絶が現実のものとなり，経済の安定成長が損なわれ，国内は激しく動揺するだろう。

　欧米からの支援を受けウクライナ側の激しい抵抗が続いている。台湾進攻も電撃的な台北市制圧は難しく，海外からの支援を受けた台湾側の必死の抵抗は，多数の民間人と中国軍の膨大な犠牲を生むことは確実だ。そのような悲惨な戦闘を，1人っ子政策のもとで甘やかされてきた若い軍人がどこまで耐えられるのだろうか。

　習氏が党総書記として3期目に入った場合，その任期である2027年までに台湾統一を図るとの推測がある。ただ，ウクライナ侵攻によって，武力統一には膨大な犠牲を払わなければならないことが明らかになった以上，習氏は台湾統一のシナリオを練り直さざるを得なくなっている。

　2022年は米国のニクソン大統領が訪中してから50年目にあたる。トランプ政権下の亀裂が決定的となった米中関係を，習氏は「米中接近50年」という節目の年に少しでも修復して，長期政権の基盤強化につなげたいというのが本音だ。

　ウクライナ侵攻はそうしたシナリオを難しくし，政権のかじ取りを複雑にさせてしまったが，中国はロシアへの配慮を示しつつ，水面下で米国との最接近の可能性を根気よく探ることとなるだろう。その成否が長期政権の行方を大きく左右することは間違いない。

第1章

「習近平新時代」の戦略と課題
——異例の長期政権は何を目指すのか

亜細亜大学アジア研究所教授
遊川和郎

●ポイント

▶「習近平新時代」とは建国百年（2049年）を意識した時代区分であり，その中間点である35年に国内総生産（GDP）を20年比倍増（100兆元→200兆元，1人当たり2万ドル）させる目標である。そのためには年平均4.7％程度の経済成長を前提としている。前半が平均5％，後半が4.5％といったイメージか。

▶この成長を達成するため，内需振興やデジタル化など過去の政策をアップグレードするものや，人口減少，不動産（過剰債務）問題など追い風から向かい風の環境変化へ軌道修正を迫られる課題がある。また，脱炭素，エコを新たな成長のけん引役とし，国際協調をリードする狙いもあろう。

▶未知の課題が，中国を取り巻く国際環境の変化と習近平新時代の出口である。権力の一極集中に伴う強引な政権運営には注意が必要な他，中国の方向性，政策決定の見方には，状況に応じて修正を加えていくことが肝要である。

●注目データ ☞ 実質成長率・政府目標の推移とその年のキーワード

	成長目標	実績値	キーワード
2012年	7.5％	7.9％	
2013年	7.5％前後	7.8％	「三期畳加」
2014年	7.5％前後	7.4％	「新常態」
2015年	7％前後	7.0％	「GDPで英雄を語るな」
2016年	6.5～7％	6.7％	「供給側改革」「三去一降一補」「灰色の犀」
2017年	6.5％前後	6.9％	「房住不炒」（16年中央経済工作会議）
2018年	6.5％前後	6.7％	
2019年	6.0～6.5％	6.0％	「六穏（六つの安定）」
2020年	設定せず	2.2％	「六保（六つの確保・保障）」
2021年	6％超	8.1％	「双循環」
2022年	5.5％前後	？	「穏字当头、穏中求进」

（出所）中国公式資料・統計を基に筆者作成

1. 「習近平新時代」とは

　2021年11月に開催された中国共産党第19期中央委員会第6回全体会議（19期6中全会）で毛沢東，鄧小平の時代に続く第3の「歴史決議」が採択された。建党100周年の節目での総括だが，過去2回の歴史決議と同様，党大会前に権力掌握を示す儀式と言ってよいだろう。

　これまで党の文書は「党的十一届三中全会以来」と，改革開放への転換（1978年12月）をスタート地点として，その後の経済建設の成果，国民生活の向上，国際的な地位向上など党の指導の正当性が記述されるのが常だった。これが近年の文書では，「十八大以来」と，習近平氏が総書記に就任した第18回共産党大会（2012年）が起点となった記述が多くを占めるようになった。放置されていた改革開放時代の負の側面を是正しながら，いよいよ中国共産党の理想の国づくりが新たな段階に入ったという展開である。

　習総書記が2期目に入る第19回党大会（2017年）で，中国の特色ある社会主義は「新時代」に入ったと宣言，そして第3の歴史決議では総書記就任の第18回党大会以来を「習近平新時代」と区分した。改革開放という政策決定が起点ではなく，習氏のトップ就任が起点となっているので，新時代の性格が分かりにくいが，毛沢東＝「站起来（立ち上がる）」，鄧小平＝「富起来（豊かになる）」，そして習近平＝「強起来（強くなる）」へというのが各時代での基本コンセプトである。「新時代」と命名された時代が従来通り2期10年でお終いとは考えにくい。建国100年（2049年）を意識した時代区分と理解するのが自然だろう。そして，その中間チェックポイントが2035年である。

　「毛から鄧」へは，党の主要任務を階級闘争から経済建設へという分かりやすい転換だが，習近平新時代（共産党Ver.3）は鄧小平時代（共産党Ver.2）からどのような変化があるのだろうか。特に，「強くなる」という基本設計によって経済は後回しと割り切れるわけではない。「対外開放は不変」と再三強調されてもいる通り，変更点が分かりにくいことや，前提となる社会・経済環境，国際環境も大きく変化している。

　本書では，習近平新時代はVersion変更や前提条件の変化によりどこが変わ

る（可能性がある）のか，変わらないのか，主要各分野から重要な論点を提示するものである。本章では，総論として次章から詳述される諸問題の現在地とポイントを解説，補足する。

　なお，本章での統計データは断りのない限り中国政府発表を用い，予想値や目標値については「国民経済・社会発展第 14 次 5 カ年計画と 2035 年までの長期目標要綱」（2021 年 3 月），「党の百年奮闘の重大な成果と歴史的経験に関する中共中央の決議」（同 11 月），中央経済工作会議（同 12 月）を手掛かりにした。

2.「習近平新時代」の経済展望

2.1　成長のスピードは減速傾向，増加規模は大きい

　過去，中国の長期目標は 20 年単位で制定されてきた。5 カ年計画はその進捗を示す四半期決算のような役割で，「上方修正」されるのが常だった。1980 年の GDP を 2000 年に 4 倍増する目標は 5 年前倒しで達成し，2020 年に 2000 年比 4 倍増する当初の目標も楽々とクリアできる見通しから，2012 年の党大会で 2020 年の 1 人当たり GDP を 2010 年比倍増するようハードルを上げた。ところが，2010 年代には減速傾向が顕著になり，12 年にアジア金融危機後の混乱（1998〜99 年）以降初めての 8％割れ（7.9％）に直面した。リーマン・ショック（2008 年）の際に打った 4 兆元（約 70 兆円）投資というカンフル剤の後遺症が顕著となり，『三期畳加』（経済成長率のギアチェンジ期，構造調整の困難期，刺激策の消化期の 3 つの時期のオーバーラップ）の影響だとして，14 年 5 月には「新常態」入りを宣言した。

　それまで 8％成長は中国経済の防衛ライン的な意味合いであったが，成長目標も 2013 年，14 年は 7.5％前後，15 年には 7％前後とほぼ 2 年おきに引き下げ，実際の成長率も 16 年には 7％割れ，19 年には 6.0％といよいよ 6％割れが迫っていた。

　2020 年はコロナ禍の中，プラス成長こそ達成したものの，前述の長期目標（1 人当たり GDP の 2010 年比倍増）は到達せず霧消，これに代えて「全面的な小康社会の実現」で絶対貧困の撲滅を歴代王朝の時代から実現出来なかった偉業と自賛した。

　このように，2010年代に入ってからは成長率目標と実績はじりじりと下が
り続け，目標の達成にはかつてない困難が伴っている。21年から始まった第
14次5カ年計画では，平均成長率の目標を記さず，「合理区間を保持，各年の
状況に応じて提起」とされた（図表1）。

　一方，経済規模でみれば，2020年に100兆元の大台に到達，世界経済に占
める比重（米ドル換算ベース）も2001年の4％（米31.6％，日本12.8％）か
ら17.4％に急進した（19年＝米国24.4％，中国16.3％，日本5.8％）。成長率
は低下したものの，5％の成長ならば，台湾やタイのGDPを上回る増加分（5
兆元）となる。毎年，20カ国・地域（G20）の中規模国が中国に生まれるのと
同じである。

　2035年までの長期目標では，具体的な数値目標は挙げていないが，「経済総
量と1人当たりの収入を再び新たな大台に乗せる」「1人当たりGDPを中レベ
ルの先進国」という表現から，20年に100兆元に達したGDPを200兆元に，
19年に1万ドルに達した1人当たりGDPを2万ドルに乗せることをイメー
ジしていると考えられる。そのためには年平均4.7％程度の経済成長というの
がおおよその前提となる。そこからさらに推算すると，2035年までの前半が
平均5％，後半が4.5％といった感じであろう。日本経済研究センターでは，
2033年に中国が世界最大の経済大国になるという中期予測を発表しており，

図表1　5カ年計画ごとのGDP指標推移

年次	GDP 規模	平均成長率	1人当たり GDP
1980 年	4,587 億元		468 元
第6次（1981～85）	9,099 億元	10.70%	866 元
第7次（1986～90）	1兆 8,873 億元	7.90%	1,663 元
第8次（1991～95）	6兆 1,339 億元	12.00%	5,091 元
第9次（96～2000）	10兆 280 億元	8.30%	7,942 元
第10次（2001～05）	18兆 7,319 億元	8.80%	1万 4,368 元
第11次（2006～10）	41兆 2,119 億元	11.20%	3万 808 元
第12次（2011～15）	68兆 8,858 億元	7.80%	4万 9,922 元
第13次（2016～20）	101兆 3,567 億元 ＝ 14.7 兆ドル	（5.70%）	7万 2,000 元 19年に1万ドル突破
第14次（2021～25）		「合理区間」	
～2035 年	200 兆元	（4.70%）	中等発達国家水準

　（注）平均成長率のカッコ内の数値は筆者の推算。GDP はいずれも最終年
　（出所）中国公式資料・統計を基に筆者作成

図表2　「第13次5カ年計画」と「第14次・2035年長期目標」でのキーワード

2-1. 増加したキーワード

	第13次5カ年計画	第14次〜2035年目標
共同富裕	1	6
強国	10	20
安全	151	180
新発展	5	21
双循環	0	4
数字	5	75
智能	24	35
消費	42	52
一帯一路	10	15
公共服务	45	61
乡村	9	35

2-2. 減少したキーワード

	第13次5カ年計画	第14次〜2035年目標
习近平同志为总书记	2	0
中国梦	4	1
小康	11	4
新常态	7	0
中国制造2025	2	0
創新	207	161
信息	90	55
投資	70	54
对外开放	15	10
节能环保	12	2
新农村	2	0

（注）一部の用語は見出しとして使用されている回数を除外した
（出所）それぞれの計画，目標から筆者作成

ほぼ符合する（BOX参照）。

　このような成長目標が達成可能か，以下第13次5カ年計画と第14次・長期目標で使用されているキーワードから，その特徴（方向性）を概観する（図表2）。

2.2　消える「中国の夢」，強調される「強国」「安全」，急浮上の「共同富裕」

　まず，全体として「習近平同志を総書記とする」という表現は無くなった。今後，総書記を主席制に改めて更なる権力強化を図る意図があるかもしれない。就任当時に語った「中国の夢」はもう使われなくなり，「小康」という表

現も2020年の貧困撲滅で全面的な達成と位置づけられて過去のものとなった。その代わりに目指す方向性として「共同富裕」が6回用いられている。「共同富裕」は習氏が21年8月の中央財経委員会で「共同富裕は社会主義の本質的要請であり，中国式現代化の重要な特徴である」と述べたことで一気に広まった。プラットフォーマーや不動産企業，また教育産業や芸能人など富裕層に対する統制強化の強力な後ろ盾として用いられたキーワードである。ただ，こうしたキーワードの短命化や自然消失も進行しており，今後どの程度の勢いが維持されるのかはなお注視する必要がある。（第3章参照）

「強国」は「人材強国」「製造強国」「知識産権強国」などその前に置かれた単語で強化したい分野が見て取れる。「現代化」も「社会主義現代化」「農業現代化」「軍隊現代化」などの使われ方で，「強国」よりもなお途上といった感じが強い。

また，長期目標全体を貫くキーワードが「安全」である。「国家安全」「公共安全」「経済安全」「網絡（ネット）安全」「食糧安全」など特定の分野に限らず，単独で用いられることも含めて各領域に及んでいる。また「風険（リスク）」「短板（弱点）」といった「安全」を強調するための用語も頻出する。

「国家安全法」では，「安全」という語について，「人民の安全を宗旨とし，政治安全を根本，経済安全を基礎，軍事，科学技術，文化，社会安定を保障とし，国際安全促進を以て総合的な国家安全を依託する」と記述されている。また「安全は発展の前提，発展は安全の保障」と安全を発展と不可分の関係ととらえているのが特徴である。経済成長の必要性は国家安全維持の上でも至上命題と言ってよいと理解できる。「治理（ガバナンス）」も個別の経済・社会問題是正から「全球治理（グローバルガバナンス）」まで幅広く用いられる。

2.3 消費が成長の起爆剤に

経済では成長率の低下はすでに所与のものとなり，「新常態」が姿を消すとともに，「新発展」という前向きなニュアンスが取って代わった。「新発展理念」「新発展段階」といった用い方が多い。米中摩擦の中で米国が問題視した「中国製造2025」も消失，新たに出現したのが「双循環」という内需拡大を意識した表現で，消費促進，消費拡大，消費昇級（レベルアップ）など「消費」

への言及も増加した。小売り総額は 20.6 兆元（2012 年）から 39.2 兆元（20年）へ，GDP 成長率を上回る年平均 8.4％の勢いで増加したように，今後の経済成長のベースになるのが消費であることは間違いない。1 人当たり GDP が 1 万ドルから 2 万ドルに向かう 14 億人の市場をいかに掘り起こすかがまず大きなカギである。

　中国が本格的に内需拡大に乗り出したのは，国有企業改革の正念場でアジア金融危機，長江水害に遭遇し，成長率 8％割れを起こした 1998 年だった。当時の朱鎔基首相は，それまでの社会主義経済の中で重視されていなかった消費喚起策を矢継ぎ早に打ち出した。国有企業が従業員に提供していた住宅など福利厚生サービスを切り離して消費に振り向けたほか，「休日経済」（99 年 10 月の国慶節から春節，労働節と年 3 回の黄金週創設）による余暇消費拡大，「科教興国」（科学技術と教育による国興し，大学定員拡大による教育需要刺激）など短期的な需要刺激にとどまらず，長期的な国のあり方に係わる改革を実施した。また 2001 年の世界貿易機関（WTO）加盟実現により，それまで法人需要中心だった乗用車（社用車）は個人購入へと変わり，02 年に初めて販売台数が 100 万台を突破，09 年に世界最大の自動車市場となった。

　第 14 次・長期目標は，基本的にこうした朱首相の下で行われた消費喚起策のアップデートである。人々の生活の質の向上と結び付けた健康やエコ，文化的生活，情報，安全，公共サービスのアップグレード（昇級）もあれば，債務の増大や不動産バブルの処理などバグの除去，軌道修正を図るものもある。

　第 14 次・長期目標の中では，「国際消費中心都市」を育成・建設し，地域の消費の牽引役とする構想も示された。2021 年 7 月，国務院（政府）は北京，天津，上海，重慶，広州の 5 都市を「国際消費中心都市」に指定した。4 直轄市に地理的バランスから広州を加えた構図だが，上海，北京，重慶，広州は都市別小売総額の上位 4 都市（2020 年）であり，広州を除き 1 兆元を突破している（広州は 9219 億元）。これらの都市には，国際的な有名ブランドの旗艦店を誘致し，広く中国の消費者に対してショーウインドウの効果を期待する。

　また，米中対立が激化する中，2021 年 9 月，ユニバーサル・スタジオ北京（USB）が開園して人気を博しているように，世界的なテーマパークの人気は特に高い。前述の黄金週創設で国内旅行の背中を押したがこの期間だけ大混雑

を引き起こし，2008 年に清明節，端午節，中秋節という中国伝統の休日によ
る3連休で分散化を図った。しかし過去 20 年，国内の観光地は歴史的な名勝
旧跡が中心で現代人のニーズに応えられていなかった。USB の入場料は日に
よって 418 元から 748 元の 4 段階に設定されており，これに飲食やグッズ購入
など相当の額となる。

　上海でもディズニーリゾート（2016 年開園），アジア・太平洋地域で初とな
るベルギーの人気キャラクター・スマーフのテーマパーク（20 年開園），レゴ
ランド・リゾート（21 年 11 月着工，24 年開業予定）など，アミューズメント
パークへの需要は高い。

　中国人の海外旅行普及により注目されたのが爆買いだが，国内での取り込み
も進められている。2011 年から始まった海南島自由貿易港の「離島免税」は
その1つである（図表3）。

図表3　海南島離島免税の拡大

	1 人当たり免税購入額上限
2011 年 4 月 20 日〜	5,000 元 / 回（年 2 回）
2012 年 11 月 1 日〜	8,000 元 / 回（年 2 回）
2016 年 2 月 1 日〜	1 万 6,000 元 / 年
2018 年 12 月 1 日〜	3 万元 / 年（対象 38 品目）
2020 年 7 月 1 日〜	10 万元 / 年（対象 45 品目）

（出所）各種報道を基に筆者作成

　「離島免税」は海南島から出る際に受けられる免税優遇措置（島内居住者を
含む）で，20 年 7 月から 1 人当たり免税購入額上限が年間 10 万元（回数制限
なし）に拡大。対象品目も酒類，電子製品，携帯電話など人気品目が追加され
たことで，コロナ禍で海外旅行が制限される中，利用者は大幅に増加，21 年
の免税品売上は 495 億元（前年比 80％増）に上った。22 年は目標 1000 億元，
30 年 7000〜8000 億元と報道されている。海南島では，輸入拡大や消費活性化
をアピールする中国国際消費品博覧会（消博会）が 21 年から毎年 5 月に開催
されることになった。

2.4　地域の発展政策を重視

　2000 年代に相次いでスタートした西部大開発，東北振興，中部崛起の内陸

振興策により，11 年以降は中西部の成長率が東部を上回り，発展した東部沿海地域と取り残された中西部というそれまでの構図は当てはまらなくなった。一方で東北 3 省は人口減少をはじめ地盤沈下が著しい。

　長期計画では，京津冀（北京，天津，河北省），長三角（長江デルタ＝上海，江蘇，浙江，安徽），粤港澳大湾区（広東，香港，澳門）を重点に都市群の発展を図る。2010 年代は高速鉄道の開通によって，成渝（成都，重慶）をはじめ中西部にも有力な都市群が形成されるようになった。前 5 カ年計画までは，「珠三角（珠江デルタ）」という表現だったが，「一国二制度」の香港・マカオを加えて 2017 年に正式に提起された「粤港澳大湾区」の表現で記された。3 地点を一体として見做した発展計画である。

　都市別の GDP ランキング（2021 年）を見ると（図表 4），1 兆元以上が 24 都市あり，中国の GDP 約 114 兆元の 4 割近く（38％）を占めている。24 都市中，8 都市が長三角，4 都市が珠江デルタ，2 都市が京津冀の都市である。残り 10 都市中，内陸の直轄市・省都が 6（重慶，成都，武漢，長沙，鄭州，西安），沿海省の都市が 4（青島，泉州，済南，福州）と，省都以外の都市の発展も目覚ましい。前述の「海南自由貿易港」の他，深圳については「中国特色社会主義先行モデル区」，上海浦東には「社会主義現代化建設牽引区」，浙江省は「共同富裕モデル区」といったそれぞれ他の地域をけん引する役割が与えら

図表4　GDP 都市ランキング（1 兆元以上 24 都市，2021 年）

順位	都市	GDP（億元）	順位	都市	GDP（億元）
1	上海	43,215	13	青島＊	14,136
2	北京	40,270	14	無錫＊	14,003
3	深圳＊	30,665	15	長沙	13,271
4	広州	28,232	16	鄭州	12,691
5	重慶	27,894	17	仏山＊	12,157
6	蘇州＊	22,718	18	済南	11,432
7	成都	19,917	19	合肥	11,413
8	杭州	18,109	20	福州	11,324
9	武漢	17,717	21	泉州＊	11,304
10	南京	16,355	22	南通＊	11,027
11	天津	15,695	23	東莞＊	10,855
12	寧波＊	14,595	24	西安	10,688

　　（注）　＊印は直轄市・省都以外の都市
　　（出所）国家統計局発表から筆者作成

れている。

2.5　「数字（デジタル）」「創新（イノベーション）」がキーワード

　経済社会発展の青写真として長期計画で急伸したキーワードが「数字（デジタル）」である。前5カ年計画の「創新（イノベーション）」「網絡，互聯网（いずれもインターネット）」「信息（情報）」をさらに具体化，「智能（インテリジェント）」は広範な領域に及ぶ。ビッグデータ，クラウド・コンピューティング，人工知能（AI），ブロックチェーン等の技術革新をいかにリードするか，そしてデジタル技術と実体経済の融合，従来産業のモデル転換と高度化，新産業・新業態・新モデルの誕生が期待されている[1]。

　過去10年を振り返ってみると，まさに電子商取引（EC）のアリババ集団が起こした社会変革はこれに相当する。2009年から開始した「独身の日」（11月11日）の大規模セールイベントとその大ヒットはもちろんだが，売り手と買い手の信用が相互に把握できないことが経済活動の隘路だった中国社会を，支付宝（アリペイ）の開発によって切り開いた功績は大きい。アリババなどプラットフォーマーへの統制が強まる中，デジタル分野でのイノベーションは中国の成長のカギを握る。また，デジタル人民元の実証実験が中国各地で進められる中，国境を越えた応用も視野に入る（第9章参照）。

　2022年1月に公表された「十四・五デジタル経済発展規画」では，20年に

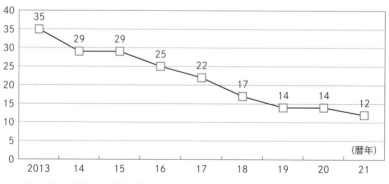

図表5　グローバル・イノベーション・インデックスの中国の順位

（出所）世界知的所有権機関，『北京週報日本語版』（2021/9/27）から筆者作成

7.8％だったデジタル経済の核心産業付加価値額が GDP に占める比率を，25年には 10％に引き上げる。その目標は，情報インフラの整備，データ要素市場の確立，各産業分野のデジタル化推進，都市と農村の融合など公共サービスのデジタル化水準引き上げ，デジタル・ガバナンス，データ安全の強化，デジタル経済の国際協力の進展などである。

　世界知的所有権機関（WIPO）が発表するグローバル・イノベーション・インデックスでは，中国は年々順位を上げ，2021 年は第 12 位と日本の 13 位を上回った（図表 5）。

3.「習近平新時代」が直面する課題

　前節までで述べたのは主に過去の政策の延長線上，アップグレードであるが，既にその前提環境が消失し大きな軌道修正を迫られるのが，人口問題，不動産問題（過剰債務問題）であり，またもう 1 つ過去とは次元の異なるのが環境問題に対する取り組みである。

3.1　急速に進む高齢化と人口減少の懸念

　今後の中国経済を考えた時，真っ先にマイナス要因として挙げられることが多いのが人口減少，そして急激かつ極端な高齢社会の到来である。人口問題については，津波や洪水予測と同様にいつ頃どこに影響が出るかはある程度予見可能である。

　すでに影響が出ているのが，労働力の逼迫である。生産年齢人口（15〜64歳）でみれば最大だった 2013 年の 10 億 1041 万人から 20 年は 9 億 6871 万人へ 4170 万人減少した。今後 1960 年代から 70 年代前半の大量出生世代（5 年で 1 億人増加）が退職期を迎えるため，急激な生産年齢人口減少が予想される。

　近年，都市部の新規就業者数は目標（1100 万人）を上回る 1300 万人以上を達成し，失業率も目標（登録失業率 4.5％以内）を下回って推移している。そしてこれと同時進行しているのが各地域での労働力の奪い合い（国内移民獲得競争）で，今後長期にわたって持続する。その結果，国内地域間で優勝劣敗もはっきりと出てくる。農村の過疎や介護の担い手不足，社会保障財源の不足も

これから急進行する。

　中国政府は 2016 年に全面的な第 2 子解禁，21 年には第 3 子容認と，「1 人っ子政策」を修正したが，出生率の回復だけを解決策としているのではない。むしろ出生率が今後も低水準で推移することを前提に対策を練っていると言ってよい。中国は予想される課題に対して他国の例も十分に研究して国情に合った解決策を準備するのは得意で，特に民主主義のコストが低い分，あらゆる政策を総動員することが可能である。中国の人口問題が老後の資金問題に発展するのは 1980 年代生まれが高齢者となる 2040 年代以降だろう。それまでに適切な対策が取られることが求められよう（第 5 章参照）。

3.2　不動産バブルと過剰債務問題

　1990 年代末に当時の朱鎔基首相が打ち出した構造改革と内需振興の合体策には，それまでの社宅（福祉賃貸）を廃止して個人に住宅取得を促す住宅改革も含まれた。経済的効果と副作用の最も大きい政策だったと言ってよい。

　住宅改革の実施にあたり現住社宅の廉価な払い下げが広く行われ，転売の連鎖がその後の住宅バブルを誘発し，資産格差の元凶ともなった。商品住宅の 1 平方メートル当たりの全国平均価格は 1998 年の 1854 元から 2020 年には 9980 元へと 5 倍以上に上昇した（図表6）。主要 35 都市での平均価格（20 年）は 1 万 4586 元で，最も高い深圳市は 5 万 6844 元であるほか，北京は 4 万 2684 元，上海は 3 万 6741 元など庶民の手の届かないものとなった。

　これを購入者の側から見ると，住宅改革初期から 2000 年代の住宅取得者は所有物件の値上がりや転売益を得ているとみてよい。

　現在の退職世代はこれに相当し，老後の蓄えを有しているが，2010 年代以降の取得者は過大なローンを抱えて老後のことに目を向ける余裕はない。上述の人口問題とも通底する大きな課題である。

　不動産デベロッパーの経営も転機を迎えている。デベロッパー企業の資産総額は 1998 年の 195 億元から 2020 年に 1 兆 623 億元まで 50 倍以上に急拡大したが，資産負債比率は 80.7％（20 年）に上る。危機感を強めた政府は 2020 年夏，「3 つのレッドライン」と呼ばれる不動産融資規制を導入し，業界の健全化を図ろうとしている。

図表6　住宅改革後の不動産価格の推移

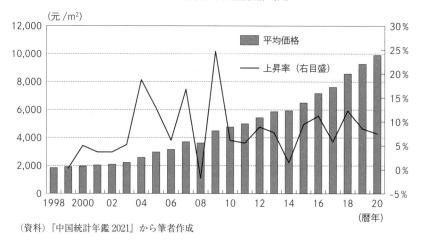

（資料）『中国統計年鑑 2021』から筆者作成

　習近平主席が 2016 年末の中央経済工作会議で「家は住むもので投機ではない（房住不炒）」と警鐘を鳴らした。これは極めて重要な指摘であり，過去 20 年，住宅投資が最も高い収益率の投資対象だったのも事実である。一部都市から不動産税の導入が予定されているが，不動産政策の軟着率，そして不動産に代わる資産運用手段の提供も必要となろう（第 4 章参照）。

3.3　脱炭素・環境対策に本腰

　改革開放路線の開始以降，工業化に伴う国内の生態環境破壊は激しく，また 2005 年頃には世界最大の二酸化炭素（CO_2）排出国となったが，中国の気候変動問題に対する取り組みは長年，国際社会から消極的，非協力的と受け止められていた。中国は地球温暖化を先進国の経済発展がもたらした問題であり，これから成長が必要な途上国にそのツケを払わせて経済成長の足かせとすることには反対するという主張だった。

　それが習近平体制になり，2016 年にパリ協定に批准，20 年には「30 年の CO_2 排出ピークアウト」と「60 年のカーボンニュートラル目標」と，国際協調姿勢を習氏が自ら打ち出した。その背景には，微小粒子状物質（PM2.5）による大気汚染の深刻化など，国内で環境保護の必要性が統治に影響を及ぼしてきたことがある。

2012年の第18回党大会で前党大会の四位一体（経済建設・政治建設・文化建設・社会建設）に「生態文明建設」を加えた「五位一体」を全面的な小康社会を築き上げるための布石として提起，第13次5カ年計画では緑色（エコ）が1つのキーワードとなり，関連指標の数値目標が掲げられていた。

ここにきて，脱炭素に本腰で乗り出した背景には，新エネルギー，エコを新たな経済成長の起爆剤として活用するとともに，今後数10年の長期にわたり国際協調をリードする大きな柱になりうると判断していることがあると考えられる（第7章参照）。

4．内政・外交の今後

これらの経済課題とともに，見落とすことができないのが中国と国際社会との関係である。過去，改革開放政策を進める中国に対して各国は，体制の違いはあるものの経済的な利益を重視し協調的な政策を採っていたが，近年はその経済力を行使した国際社会に対する支配力と民主主義国とは相容れぬ価値観への懸念が強まり，中国との衝突や抵抗といった動きが相次いで見られる。

最後に習近平新時代の出口，すなわち後継体制が全くの未知数なことである。今は習近平一強体制でよいが，今後どのようなことを想定しておくべきなのか。

4.1　複雑化する国際環境

1980年代に中国が改革開放路線を本格化させて以来，国際社会の中国に対する視線はおおむね好意的だったと言ってよい。当時，国際社会で最大の脅威はソ連であり，ソ連に対するカウンターバランスとして，中国の台頭を許容，歓迎する雰囲気があった。40年後の現在，インドに対して世界が融和的なのと同様である。また，ソ連と異なり未開の市場である中国を国際経済の一員に加えることへの期待が大きかった。そのため「やがて経済が発展すれば中国も民主化する」と，中国を西側社会に引き込み関与政策を採ることが正当化された。89年の天安門事件で中国の人権問題から停滞した時期もあったが，2001年にはWTO加盟が実現した。

　2000 年代に入ると中国経済は飛躍的に成長，特に 08 年のリーマン・ショックとそれに続く欧州の政府債務危機によって，中国は世界経済の救世主と崇められ，国際社会における中国の発言力は強まった。2000 年代，米国はテロとの戦いに明け暮れ，対中抑止よりも巨大市場への関与推進が勝り，政財界には「パンダハガー」と呼ばれる親中派が少なくなかった。オバマ大統領時代，アジア・太平洋地域に軍事・外交上の重点を移す「リバランス」に転じたものの，「九段線」の主張を実力行使する中国の海洋進出を止めることはできなかった。

　中国はこの間，巨大市場を武器に 2 国間の自由貿易協定（FTA）締結など各国と個別に経済関係を強化する一方，「一帯一路」構想の提唱によって中国の経済圏構想に与することのメリットと中国の機嫌を損ねる行為はいかに代償が大きいか見せつけていた。

　他方，中国は 2022 年 1 月に発効した地域的な包括的経済連携協定（RCEP）に参加，環太平洋パートナーシップ協定（CPTPP）にも 21 年 9 月に正式に加盟申請するなど，米国不在の中で新たな通商ルールの主役の座も狙う（第 2 章）。

4.2　習氏の後継問題

　最後に，今は問題ではなくとも今後，習近平新時代の最大の試練となると予想されるのが習氏からの権力継承がいつ，どのように行われるか未知数となっていることである。

　過去，中華人民共和国の建国以来，権力移行は決して円滑，円満に行われていたわけではない。終身権力を手放さなかった毛沢東氏の死後，華国鋒，胡耀邦，趙紫陽氏は任中に失脚，天安門事件後に急遽トップとなった江沢民氏から胡錦濤氏へは鄧小平氏の遺言で唯一平穏な権力移行が行われたが，江氏は総書記を退いた後も 2 年間中央軍事委員会主席に居座り，明文化されていない不安定な権力継承の一面が露呈した。習氏の総書記就任前には薄熙来氏と刺すか刺されるかの激しい政治闘争が展開された。

　鄧氏は権力掌握後，各ポスト就任時に年齢制限を設け（最高指導部は 68 歳），同一ポストは 2 回まで，最高指導者候補は現職の 2 期目に政治局常務委

入りするなど時間をかけながら世代交代を円滑に進めるために不文律のルールを形成していった。

　人事の硬直化など制度化の弊害がなかったわけではないが，最高指導部をめぐる熾烈な権力闘争を回避する一定の役割を果たしたことは確かである。何よりもこうしたルールは鄧氏のような余程の実力者でなければ作ることはできない。

　長期政権によって習氏（1953 年生まれ）の後継は 1960 年代生まれを飛び越えて 1970 年代生まれ（現在副部長級）になると予想されている。しかし，習一強体制の下で有力な後継候補は育ちにくく，権力移行に伴う混乱は避けられない（第 3 章参照）。

4.3　一強体制の副作用

　権力の一極集中は失敗が許されない状況を生み，政権は常に緊張を強いられる。極端な政策が選択肢となりやすく，朝令暮改も起こりやすい。長期戦のはずが突撃戦となる混乱は電力逼迫や学習塾対策などすでに散見されている。「共同富裕」を掲げた極端な世直し政策は問題の是正には必要であるものの，経済活動の委縮や混乱を招きうる。

　習氏の任期中，最大の課題は台湾統一である。これが公約未達成のまま長期政権の終了を良しとするとは考えにくい。独立志向の強い台湾民進党・蔡英文政権に対して軍事・経済両面で種々の圧力をかけているが，国民党を含めて対話の相手が存在しておらず，話し合いによる統一の道筋が見えない。台湾海峡をめぐるバランスは中期的に不安定な状況とならざるをえない（第 8 章 BOX 参照）。

　本書では，各分野から専門家が習近平新時代の注目ポイントを拾い上げたが，前提条件の変化によって様々な状況が生まれうる。いろいろな可能性を想定して「決め打ち」はせず，適宜修正を加えていくことが肝要である。

［注］
1　中国共産党政治局集団学習会 2021 年 10 月 18 日

〈BOX：米中の GDP 規模，逆転は後ずれか〉

　日本経済研究センターは 2021 年 12 月，中国と米国の名目国内総生産（GDP）の長期予測をまとめた。それによると，中国は 2033 年には米国を上回るとみられる。同様の試算は 20 年 12 月にも発表しており，この時は「逆転時期は早ければ 28 年」としていた。21 年になって顕著になってきた当局による民間企業の規制強化などから，前回予想より中国の成長のスピードが鈍ると判断した。

米国と中国の名目 GDP（ドルベース）の推移予想

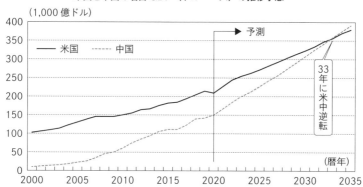

　2020 年の発表では，中国は米国に比べて新型コロナウイルスの感染拡大の影響が小さく，経済回復のペースは早いと見ていた。しかし，今回は，当局によるデジタル関連などテック企業への締め付け強化などが中長期的な経済成長の足かせになる，との見方から，米中逆転のシナリオを後ずれさせた。

　今回の予測の標準シナリオでは，2033 年には中国の名目 GDP は 2020 年の約 2.4 倍に当たる 35 兆 8410 億ドルとなり，米国（2033 年＝35 兆 8210 億ドル）を抜いて，世界最大となる（図表）。さらに 38 年には米国を 5％近く上回る規模にまで拡大するが，40 年代に入ると米中の差は縮小し始め，56 年には米国の GDP が再び中国を上回り，世界一の経済大国の座を取り戻す見込みだ。

　米中の再逆転は，中国は人口減少と生産性の伸びの鈍化が予想される一方，米国は人口や生産性を維持するとみられるためだ。中国の 15～64 歳の生産年齢人口は 2013 年にピークに達し，総人口も近く減少に転じる可能性が強い。国家統計局が 2022 年 1 月に公表した 21 年の出生数は建国以来，最少となった。

　今回の予測では多くの国が目指すカーボンニュートラル（温室効果ガスの排出を全体としてゼロにする）について，本当に削減可能なのかも，GDP 予測から試算した。中国が掲げる「2030 年に排出量をピークアウトする」との目標は，再生可能エネルギーの普及目標を達成すれば，3 年前倒しが可能とみている。

（湯浅健司）

第2章 ──────

「冷和時代」の米中関係
──衝突の回避に向けた「デタント」へ

日本総合研究所上席理事
呉　軍華

◉ポイント

▶米中対立を冷戦とみる向きが多いが，筆者は「冷和」の関係にあるとみる。冷戦の「冷」は熱戦に比しての「冷」であるのに対して，冷和の「冷」は平和から熱戦に向かっている過程を意味し，冷和は最終結末として熱戦と平和のどちらかに至るまでの過渡期を指す。冷和の「和」は過渡期を通過し平和に戻るのに寄与する可能性を指すと同時に，対立の構造がより複雑になり大きなコストを強いる熱戦を醸す宥和となる可能性も示す。

▶アンチトランプがバイデン政権の原点であり求心力維持の最大の柱だが，対中政策に限ってみるならば，バイデン政権は実質的に「トランプなきトランプ路線」を遂行した。その背景には米国民の対中感情の劇的な悪化があり，対中強硬策は超党派的に支持されている。

▶ただ，トランプ政権下で緊張の一途を辿った米中関係は，衝突回避というコンセンサスにひとまず達した。2022年は米中デタントの年になると予想される。①「戦略的安定性」の協議②台湾を巡る攻防③アジア太平洋地域の新たな経済協力の枠組みに向けたバイデン政権の取り組み──の3点が，米中デタントが持続するカギとなる。

◉注目データ ☞ 米中関係の現状は「冷和」

1．米中の現状を「冷戦」と見ることへの疑問

　米中関係はトランプ政権（2017年1月～21年1月）のもとで劇的に悪化した。アンチトランプを旗印に2020年の大統領選挙を制したバイデン政権が誕生した後も，関係悪化の流れが続いた。

　過去一年を振り返ると，バイデン大統領はトランプ氏の対中政策を全体として継承しただけにとどまらず，一部で一層強硬化してきた。一方で，稀に見る激しい応酬で内外に大きく注目されたバイデン政権発足後初の米中外交トップ会談（2021年3月）を取り上げるまでもなく，中国側の政権交代後の米国に対する強硬姿勢に目を見張ることも多かった。まさに，米国と中国が激突することが強ち杞憂とは言えないような様態を呈している。

　その一方，バイデン氏と習近平国家主席をはじめとする両国の関係者が「決して冷戦をしようとしているわけではない」，または，「冷戦を断固反対する」といった関係の緊張の度合いを否定しようとする発言も繰り返ししてきた。明らかに双方とも第二次世界大戦後の米国と旧ソ連の間に繰り広げられた冷戦を，現在の米中関係を見極める基準にしている。そして，少なくとも表面的には「冷戦はひとまず避けるべきだ」という点に関しては，両国は考えが一致しているようにも見える。

　しかし，このような問題意識は果たして米中対立の実態を的確に捉えているのかというと，筆者はかなり懐疑的である。冷戦というコンセプトに拘る余り，米中対立の深刻さの度合いと世界に及ぼし得る影響を過小評価することになるのではないかとの懸念すら抱く。

　本章はまず，冷戦が米中関係を理解する適切なコンセプトかについて考察し，米中関係の本質を改めて分析する。次いで，バイデン政権発足後の動きを振り返りつつ現時点における米中関係の実態を明らかにしてみる。そして，こうした分析を踏まえて最後に，2022年以降の米中関係を展望する。

2.「冷和」という関係

2.1　冷戦より好ましいとは言えない

　バイデン大統領は 2021 年 9 月 22 日，初の国連総会演説で，「新しい冷戦または世界が分断されることは決して求めていない」と強調した[1]。これは，対立が強まる中国を念頭に置いての発言であろう。一方，習近平国家主席は 12 月 21 日，ドイツのショルツ首相との電話会談で，「冷戦思考には断固反対する」と語った[2]。習氏は名前こそ出さなかったものの，中国に対する米国の一連の行動は冷戦を仕掛けようとしているものだ，との強い懸念を表そうとしたと見られる。

　表現が違っても，どうもバイデン氏も習氏も冷戦を双方の関係を理解するコンセプトにしつつも米中対立を冷戦でとらえる動きを否定しようとしている。一方で米中だけでなく，日本を含む多くの国々でも，冷戦が米中関係の現状を分析するに当たって，もっとも多く使われるコンセプトになっている。米中両国がすでに冷戦に突入したか否かの判断を巡って，異なる意見があるにもかかわらずである。かつての米ソ冷戦と区別するために，冷戦の代わりに，「新冷戦」や「冷戦 2.0」といった呼称を使う向きもある。

　しかし，筆者は決して冷戦が現行の米中関係の本質を明かすもっとも的確なコンセプトだとは思っていない。衝突の防止が最重要課題の 1 つとして掲げられ，協力の必要性が訴えられている米国と中国が，今直面しているのは冷戦ではなく「冷和」だと判断しているからである。

　冷戦と冷和はともに「冷」という形容詞を用いているが，その含意は同じではない。冷戦の冷は直接的な軍事衝突たる熱戦（Hot War）に比しての冷であるのに対して，冷和の冷は平和（Peace）に比しての冷であり，熱戦の方に近づいていく様態を表す（図表 1 はイメージ図）。換言すれば，冷和は最終結末としての熱戦と平和のどちらかに至るまでの過渡期的な状態である。

　冷和の和は不安定な過渡期を平穏に通過し平和に戻るのに寄与する可能性を指すと同時に，対立の構造がより多面的で複雑化することによって結果的により大きなコストと犠牲を強いる熱戦を醸す「宥和」になる可能性も示す。和の

図表 1　過渡期としての「冷和」

要素を内包しているからといって，冷和が冷戦より好ましい状態とはいえない
わけである。

2.2　冷戦と冷和の同異

　なにを根拠に，冷戦よりも冷和の方がより的確に目下の米中関係の本質を表
していると判断したのか。冷戦と冷和の同と異をそれぞれ見ながらその根拠を
示していこう。

　改めて強調するまでもないが，米中関係を冷戦でとらえようとしているの
は，米中関係がかつて世界を二分した米ソ冷戦時代に似通っているところがあ
るからであろう。

　確かに，冷戦時代の米ソ関係と現在の米中関係の間に共通点を見いだすこと
はできる。例えば，当時の米ソ関係の根底に自由民主主義対マルクス・レーニ
ン主義の対立があったのと同様，米国と中国の関係がかつての準同盟国から今
日のような状況に至った背景にも，両国間でイデオロギーや価値観的にもはや
相いれない状況になっていることがある。

　「今屈服すると，我々の子孫が中国共産党の言いなりになる」[3] というポンペ
オ前国務長官の発言に象徴される通り，トランプ政権の時に，米国はすでに米
中間に横たわるイデオロギー・価値観的な対立の影響に気づき，警鐘を鳴らし
た。バイデン氏は中国との競争を「民主主義対専制主義」という構図で描いた
ことで大きな注目を集めたが，これは米中対立のイデオロギー・価値観的な側
面を改めて強調したに過ぎないと言うべきかもしれない。

　共通点があっても，そのまま冷戦が米中対立の本質を定めるもっとも適切な
コンセプトだと考えるのはやはり短絡だと言わざるを得ない。例えば，米国と
中国の関係が緊張の一途を辿っているにもかかわらず，世界は米ソ冷戦時代

のように2つのブロックに分裂されていない。また，イデオロギー・価値観や地政学といった広範な面において，米中対立の先鋭化が進んでいる一方，経済的には両国の相互依存関係に，これといった大きな変化が起きていない（図表2）。

図表2　「冷戦」と「冷和」の同異

冷戦	本質：価値観・制度の競争	
	動機：共産主義陣営の拡大阻止	
	特徴：ブロック化	
	方法：Containment による浸食抑制	
冷和	本質：価値観・制度の競争＆「文明」の衝突	
	動機：飲み込まれる恐怖	
	特徴：非ブロック化	
	方法：Decoupling による「和」の排除	

　より注目に値するのは，相いれないイデオロギー・価値観に加え，米中対立の根幹に冷戦時代の米ソ対立になかった文明の衝突という要素が横たわっていることである。米中対立はいわゆる価値観や覇権をめぐっての争いであるとともに，異なる伝統と文化をめぐっての争いでもあるわけである。筆者が2015年頃から米中関係の先行きに悲観的な見立てをしてきたが，その最大の根拠は正しく米中対立には文明的な要素が深く絡まっていると判断したからである。

　対立の深刻の度合いがより先鋭化である一方，経済を中心に持ちつ持たれつの構造になっているために，前掲ポンペオ前国務長官の主張に象徴される通り，米国がこのままでは飲み込まれるのではないかというある種の恐怖感を抱える。無論，これもソ連と対峙していた時と全く異なる状況である。

2.3　文明の衝突

　かつてスキナー米国務省政策企画局長（当時）は講演で「米中対立は文明の衝突だ」とし，米国の主流メディアに激しく批判された。文明の衝突という表現は人種問題に絡みやすく，とりわけポリティカル・コレクトネス（政治的正しさ）が横行する欧米社会では人種差別だとの批判を招きかねない。白人と非白人で文明を区切るスキナー氏の問題提起には頷きがたいところがあるのは

確かであるが，しかし，文明を用いて冷戦時代の米ソ関係と昨今の米中関係
の違いを解き明かすこと自体は，筆者のかねてからの問題意識と重なるのであ
る[4]。ちなみに，スキナー氏は講演で「中国との対立は米国がこれまでに経験
したことのない異なる文明と異なるイデオロギーとの闘いであり」，「冷戦は西
洋社会（Western Family）の間の戦いであり，中国は西側の思想，歴史から
産まれたものではない。米国は白人以外と初めての大きな対立を経験しようと
している」と主張した[5]。

　スキナー氏の主張を批判したのは米国の主流メディアだけではない。中国
も一時は，文明の衝突という視点から米国との関係を論じることに反対して
いた。しかし，2021年11月に開かれた中国共産党第19期中央委員会第6回
全体会議（6中全会）で採択された決議では，「（中国は）中国共産党の指導に
よって，中国的な近代化路線を切り開き，新しい文明形態の創造に成功し，真
新しい選択肢を提供した」との主張を展開した。

　「新しい文明形態」に比しての古い文明形態がどういうものかは言及がな
かったものの，産業革命後，これまでの世界の近代化をリードしてきた西洋文
明が念頭にあったのは明らかであろう。世界は「東昇西降」，つまり東洋・中
国が興隆し，西洋・米国は衰退しているという歴史的な局面に差し掛かってい
る，という習氏の判断に基づいた主張だと思われる。これにより，中国は今
後，文明の衝突を最も重要な視点の1つとして米国との競争を進めていくこと
になろう。

　このように，米中の冷和関係は文明の衝突という要素を内包しているため
に，米ソ冷戦と比べて熱戦に至るリスクをより大きく孕んでいる懸念がある。

2.4　「和」を支える経済，なお続く相互依存

　冷和という構造である以上，米中関係を分析するに当たって，和の視点も不
可欠である。現に，米中，なかでも米国内において，経済界を中心に両国の関
係を「和」の状態に維持すべき，あるいは維持しようとする勢力がなお根強く
存続している。その背景には米中双方の一部でイデオロギー・価値観や文化，
経済等に関する考え方に根本的な違い，あるいは相いれない特質を有しても，
両者が併存するような秩序が構築できることに対して強い期待，または信念が

なお根強く存続していることがあるのであろう。

　加えて，異なる政治体制が存在し，換言すれば政治体制のグローバル化が無くとも経済だけのグローバル化が未来永劫に続けられるとの期待，または幻想もあろう。無論，こうした期待と幻想が関係なくても，ポスト冷戦時代の経済グローバル化によって築き上げた経済と利益の相互依存構造は一朝一夕で改められるものではない。新型コロナウイルスの感染拡大によるサプライチェーン（供給網）への影響があろうが，政治的にも軍事的にも米中関係が緊張化し続けるなかで，2021年の中国の対米貿易黒字が歴史的な規模に膨らんだのは，その最たる例として取り上げられよう（図表3）。

図表3　中国の対米貿易の推移

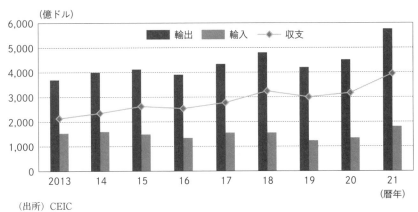

（出所）CEIC

3．バイデン政権下の米中関係

3.1　米国社会の分断がもたらす影響

　米連邦議会乱入事件から1周年に当たる2022年1月6日，バイデン大統領とハリス副大統領が各々ワシントンで演説した。バイデン氏は20分を超えた演説の大半をトランプ前大統領とその支持者への激しい糾弾に費やした。一方，ハリス氏は「2021年1月6日は1941年12月7日（真珠湾攻撃），2001年9月11日（同時多発テロ事件）と並んで記憶されるだろう」[6]と訴えた。一部

で犯罪行為があったにせよ，乱入事件に関わった自国民を米国を攻撃した外敵と同列に扱ったハリス氏の発言に驚きを禁じ得ないが，発足してから1年経った時点でも，アンチトランプを拠り所にし続けざるを得ないバイデン政権の苦境が浮き彫りになったと評せる演説であった。

　大方の予想と違うかもしれないが，筆者はバイデン政権のもとで米国社会の分裂が一層進むと見ていた。しかし，それでもバイデン，ハリス演説を聞きながら，世界の自由・民主主義の守護神としてきた米国の近未来に深い憂慮の念を抱いたとともに，米中関係の先行きに対する懸念が一層強まった。社会の分断が米国の対中政策だけでなく，米国に対する中国のアプローチにも大きなインパクトを与えかねないとみているからである。

　しかし，バイデン政権はトランプ前大統領はもとより，その支持者まで敵とみなしているにもかかわらず，中国に対するトランプ政権のアプローチを，一部は修正をしたものの，全体として継承し強化する形で対中政策を展開してきている。

3.2　トランプ政権の対中政策を継続

　バイデン政権の発足前の時点で，筆者は2021年の米国の対中政策がどうなると予測していたのか，検証してみよう。当時の筆者は政権交代を機に米国の対中政策に3つの変化が生じるのではないかと予想していた。すなわち，1つはトランプ政権，とりわけその末期の2019年において自然落下的な勢いで劇的に悪化した米中関係の流れにある程度の歯止めが掛けられるという変化である。2つ目は日本や欧州の同盟国がどこまで呼応するかはともかくとして，中国との対立構図が「米国対中国」から「米国と同盟・有志国対中国」の枠組みに変わるということである。そして，最後に，中国との対立の価値観・イデオロギー的な側面がより前面に出て強調されるようになると見ていた。

　これまでのバイデン政権の取り組みを振り返ると，こうした予想は全体として外れていなかったが，予想を超えた展開もあったと認めざるを得ない。トランプ政権，特にその末期の2020年において，米中間のハイレベルの対話がほぼ途切れる中，ペンス副大統領やポンペオ国務長官，オブライエン大統領補佐官といった政権の中枢を担う閣僚が一連の公開演説を行い，それまでの米国の

対中政策を反省しつつ激しい対中批判を展開した。これに対してバイデン政権は発足早々，3つの「C」，すなわち Confrontation（対立），Competition（競争）と Cooperation（協力）を対中政策の基本方針として打ち出した。対立と競争だけでなく，協力も強調し，トランプ政権が中国に向けた厳しい姿勢をトーンダウンした。

　これにより，米中関係の悪化という流れに一定の歯止めは掛けられたが，しかし，対立から対決に向けての流れに，これといった根本的な改善があったわけではない。中国を批判するに当たって，バイデン氏をはじめとする指導部のレトリックは，伝統政治のアウトサイダーと言えるトランプ氏と比べればより穏やかで外交的にはなったが，ハイテク技術やウイグル族など少数民族に対する中国政府の対応，あるいは台湾問題など，トランプ時代において米中対立の先鋭化を招いたほぼすべての問題に関して，バイデン政権は前政権のスタンスを維持し，一部より強硬的になったところもあった。

3.3　同盟国との連携強化

　日本や豪州，欧州の同盟国・有志の国々との連携を対中政策の重要な一環として位置づけて積極的に進めようとするバイデン政権の取り組みは筆者の予想通りではあったが，その成果は予想を超えた。当初，米国の視点から考えると，同盟国と有志連合を組むアプローチは合理的ではあるが，同盟国，とりわけ欧州がどれだけ呼応するかについてはかなり疑問であった。しかし，結果的にはメルケル政権の下で経済を中心に中国と極めて良好な関係を築いたドイツを含め，欧州の国々が米国の対中政策とかなりの程度まで歩調を合わせることにしたのだ。

　もっとも，連盟強化が予想を超えて進展した背景に，バイデン政権の積極的なアプローチに加え，香港や台湾に対して強まる一方の中国の対応と「戦狼」とまで称される中国の強硬的な外交姿勢も相当な役割を果たしたというのも事実であろう。

　同盟・有志国との連携強化は欧州だけにとどまらない。バイデン政権は日本の提唱により立ち上げた「クアッド」，つまり自由，民主主義と法の支配を共通の価値観を持つ日本，米国，豪州，インドの4カ国の協議の枠組みを前政権

時の外相レベルの対話から首脳レベルに格上げし，政権発足早々の 3 月と 9 月に，各々オンラインと対面の形で首脳会合を開催した。それに加え，実質的な対中軍事同盟の「オーカス」，つまり米国，英国と豪州の 3 国間による枠組みも立ち上げた。とりわけ後者は筆者にとっては目を見張る動きであった。

3.4 価値観外交の展開

　価値観外交の展開もほぼ予想通りであった。前述したように，トランプ政権の時，とりわけその後半には，重要閣僚がイデオロギー・価値観的な側面を踏まえて激しい対中批判を展開しており，バイデン政権になってから初めてイデオロギー・価値観的な側面を対中政策のもっとも主要な柱の 1 つに位置づけたわけではない。無論，大統領が着任早々，「民主主義対専制主義」というこれ以上ないイデオロギー・価値観的な対決の構図を明確に打ち出したことは象徴的に大きな意味を持つ。そして，世界初の「民主主義サミット」を催したことは，実質的にどれだけの成果が上げられたか，また参加国の選出が果たして民主主義を基準にしているか否かに関しては異議があるものの，バイデン政権が少なくとも形のうえでは価値観外交を懸命に実行しようとしているのは確かであろう。

　ちなみに，価値観外交を声高く喧伝するバイデン政権の対中政策の目標は，中国の政治体制の民主化ではなく，中国との共存関係の構築にあるようだ。2021 年 11 月 7 日に行われた米 CNN テレビのインタビューにおいて，サリバン安全保障政策担当大統領補佐官は「これまでの対中政策の誤りの 1 つは，米国の政策によって中国の体制システムに根本的な変革をもたらすことができると考えていたことだ」と反省したうえ，「バイデン政権の対中政策の目的は予想しうる将来において，国際的な環境を米国や同盟国の価値観や利益に資しつつ中国と共存する形で形成することだ」と説明した[7]。また，中国側によると，初の米中首脳対面（オンライン）会談において，バイデン氏は習近平国家主席に「米国は決して中国の体制を変えることを目指しているわけではない」と伝えたという[8]。

　1940 年代，米国はナチスドイツに勝利した暁にはソ連と共存する時代が訪れると見込んでソ連に膨大な援助を行った。次いで 1970 年代，対ソ連戦略の

一環とはいえ，いずれ価値観をシェアする仲間になるという期待のもとで社会主義の中国を準同盟国に組み入れた。今や，バイデン政権が中国との対峙を民主主義対専制主義に定義する一方，中国の政治体制の変革を目指さないと表明する。経済等への配慮があろうが，価値観が相いれなくても中国と共存しある種の G2 構造を構築することができるとの信念に基づいたものだろうか。三度目の正直に向けたバイデン政権の取り組みが果たして実るのか，米中冷和の行方を見極める大きなポイントになる。

3.5　トランプ路線継承の理由〜悪化する対中感情

　アンチトランプを政権の原点であり，今でも最大のよりどころにしているバイデン政権が実質的にトランプ路線を踏襲する形で対中政策を遂行し，その結果，米中関係の緊張の度合いはむしろ一部で一層高まった。なぜ，このような状況が起きたのか。その主たる要因として，次の 2 点を取り上げることができる。

　第 1 は中国に対応するに当たってのバイデン政権の進め方，または戦略がトランプ政権と異なっているために，結果的に中国との対立の面を一層広めたことである。

　周知の通り，相いれないイデオロギー・価値観に加え，経済，地政学的にも利害が対立するようになったことは，米国と中国がかつての準同盟国の関係から対立の関係に変わった最大の要因であった。バイデン，トランプ政権とも地政学的に中国の拡張の勢いを抑え，戦後，米国の主導によって構築された国際秩序を守りつつ，覇権国としてのステータスを維持することを対中政策の最大の目標としている。この目標を実現するに当たって，トランプ政権は経済，なかでも通商問題を切り口に，それから人権と価値観等に広げようとした。これに比して，バイデン政権は通商問題を中心としたトランプ政権の遺産をそのまま継承しつつ，人権と価値観をより前面に出す戦略を取った。

　同盟関係に対する認識の違いも米中関係に大きなインパクトを与えた。同盟関係の維持コストに限界を感じたトランプ政権はバイラテラル的に中国に対応しようとしたと同時に，同盟国にも関係維持のためのコストの追加分担を求めた。これとは対照的に，バイデン政権は同盟関係の強化に力を入れ，同盟国と

の共闘を対中戦略の遂行を支えるもっとも主要な柱として位置づけた。中国の「戦狼」外交に対する反発もあって，こうした同盟重視の戦略がそれなりに成功し，結果的に中国との競争を展開する米国の立場を強くした。

　第2点は，悪化の一途を辿る米国国民の対中感情が，バイデン政権が前政権の対中政策を踏襲した大きな要因と思われる。米国社会の激しい分断が進む中で，対中政策は超党派で支持されるというトランプ時代からの流れがバイデン政権下でも続いている。その背景には米国民の中国に対する感情の冷え込みがある。

　米国ではこれまで「中国が好き」と「中国が嫌い」という国民の比率は長い間，拮抗して推移してきた。しかし，2019年を境に大きく変わり，後者の比率が劇的に上昇した。バイデン政権の発足直後の2021年2月に至っては「中国が嫌い」との比率が79％というレベルにまで高まった反面，「中国が好き」の比率は20％に低下した（図表4）。

図表4　米国人の対中感情の推移

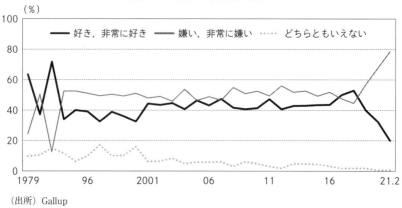

（出所）Gallup

　対中感情の悪化は米国だけでなく，日本やドイツを含む米国の主要な同盟国でも大きく進んでいる。米ピュー・リサーチ・センターの調査によると，台湾や香港問題を巡り中国と一部の欧州の国々で制裁合戦が展開された2021年2月時点において，日本や韓国，豪州，ドイツ，フランス，カナダ，英国といった米国の主要な同盟国において，中国をネガティブに見る人の比率はいずれも過半数に達していた（図表5）。同盟国を対中競争の共同戦線に組み入れよう

図表5　中国をどう思うか（2021年2月時点）

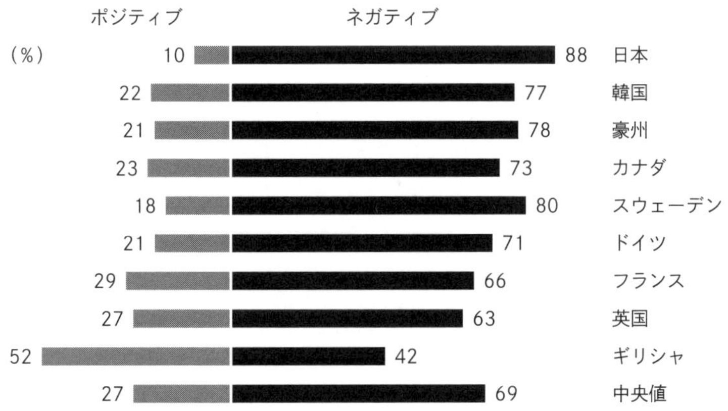

ポジティブ　　　　　ネガティブ

（％）

10	88	日本
22	77	韓国
21	78	豪州
23	73	カナダ
18	80	スウェーデン
21	71	ドイツ
29	66	フランス
27	63	英国
52	42	ギリシャ
27	69	中央値

（出所）Pew Research Center

とするバイデン政権の取り組みが予想を超えた成果を上げた背景に，これらの国々で中国に対する国民感情の悪化がそれなりの役割を果たしたとみてよかろう。

4．米中関係の今後の展望

4.1　2022年は米中デタントの年

　「冷和」という未曽有の時代に突入した米中関係の今後にどのような展望ができるのか。差し当たり，最も注目すべきポイントは両国が衝突つまり「熱戦」を，回避するためのメカニズムを構築する取り組みが順調に進むのか，という点である。

　この視点からみると，米国と中国はひとまず第一歩を踏み出したようにみえる。この判断が正しいならば，短期的には緊張の度合いが高いまま，米中関係はある種の安定を取り戻して推移する可能性が高い。相いれない対立を抱える中でもデタントと呼ばれる緊張緩和の時期があった冷戦時代の米ソ関係を思い出すまでもなく，2022年は「米中のデタントの年」になるという予想である。

　なにを根拠にそう判断したのか。緊張の一途を辿った2021年秋までの流れを受けて，衝突の確率がリアルなシナリオとして大きく上昇した状況に直面

し，米国と中国はひとまず衝突を回避するに当たってのコンセンサスを形成したとみているからである。

　2021 年 11 月 16 日朝（北京時間），バイデン大統領と習近平国家主席が初めて「対面（オンライン）」で会談した。サリバン大統領補佐官と楊潔篪・共産党政治局員がスイス・チューリッヒで会談し，年内に首脳会談を行うことに原則合意してから，1 カ月ほどで実現したのだ。それが可能となったのは，中国が首脳会談の開催に本腰を入れたからだと思われる。その背景には，南シナ海や台湾近辺での両軍の駆け引きが激しさを増すのに伴って，衝突のリアリティが急速に高まったことがあると推測される。

　バイデン政権はかねて中国の指導部に向けて偶発的な判断ミスに起因しての衝突を回避するために「ガードレール」を作るよう呼び掛けてきた。冷戦時代の米ソ関係を思い出すまでもなく，衝突の回避を最重要課題として位置づけたことはバイデン政権が中国とすでに熱戦の一歩手前の段階に差し掛かっているという判断を下したことを示唆する。

　バイデン政権は目下の米中関係を冷戦というコンセプトで定義するのに反対し，また，冷戦をする意志がないことを繰り返して表明しているが，実際はすでに冷戦時代の対ソ戦略を彷彿とさせるような動きを始めているわけである。折しも，筆者が考案した「冷和度」で測った場合でも，現行の米中関係の緊張度合いはすでに冷戦時代の米ソ関係に匹敵するレベルになっている（図表 6）。

図表 6　米中「冷和度」の変遷

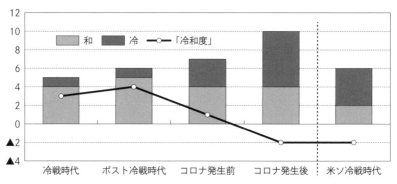

（注）冷和度は数値が小さいほど冷の度合い（緊張度）が高い
（出所）筆者作成

　冷戦の当事者でなかった中国が危機管理をはじめ，米ソ冷戦からなにを学んだかは定かではない。しかし，「ガードレール」の構築に関するバイデン政権の呼びかけが数カ月も無視されていた。この事実から勘案すると，つい最近まで，中国が衝突をリアルなシナリオとして見ていなかったのではないか。または，そのリスクがあってもそれに十分に対応できると判断していたのかもしれない。

　それにもかかわらず，首脳会談がチューリッヒでの原則合意からトントン拍子で実現したのは，バイデン政権だけでなく，習近平指導部も衝突を防ぐべく動かなければならないと考えを改めた可能性が高い。思惑が違うかもしれないが，双方が衝突回避ということに対して，ある種のコンセンサスに達したわけである。ちなみに，このコンセンサスを米中それぞれの表現で表すと，バイデン政権は「3C」であるのに対して，習近平指導部は「闘而不破」である。「闘而不破」というは，闘いはするが破局は避けるという意味である。

4.2　衝突回避のメカニズム構築

　米中首脳会談後の公式発表を読む限り，今回の会談でジャーナリストビザの規制緩和には合意したが，人権問題や台湾問題を含め米中対立を招いた問題のほとんどを巡っての協議は平行線を辿ったようである。このため，会談を対話のための対話ではないかと評する向きが多い。しかし，前述した通り，筆者は会談がそもそもコンセンサスの達成を背景に行われ，実際もこの会談を機に米中が衝突回避のメカニズム構築に向けての動きがみられ，それなりの成果を上げたと評価する。

　首脳会談翌日に開かれたイベントで，サリバン大統領補佐官は会談でバイデン氏が習氏に対し，「戦略的安定性（Strategic stability）」を協議する必要があると問題提起し，双方が具体的な協議に向けて模索することに合意したことを明らかにした[9]。さらに，キャンベル国家安全保障会議（NSC）インド太平洋調整官は「戦略的安定性」に関する協議はごく初期の段階にあり，これから慎重に進めていく，と別のイベントで述べたうえで，不測の事態に繋がりかねない判断ミス等を防ぐことが第1段階の協議の主たる目標であり，核兵器やサイバー攻撃，宇宙空間に関する協議もいずれ行っていくと語った[10]。

　中国との衝突を回避しようというのは，バイデン政権のかねての方針である。興味深いのは，なにを契機に「闘而不破」が習指導部の方針になったのかという点である。

　色々なことが想定される中で，インパクトが大きく米中のパワーバランスに対する判断に重大な影響を及ぼしうる最も可能性が高いのは，軍事分野でなにかが起きることではないか，というのがとりあえずの結論になった。そこで，米海軍シーウルフ級攻撃型原子力潜水艦コネチカット号が 2021 年 10 月 2 日に南シナ海の水中を航行中に何らかの物体に衝突したために水上航走の形でグアムに向かったというニュース[11] を思い出した。公式には未知の海山と衝突し，その責任を取る形でアルジラニ艦長以下 3 名が解任されたという。事故を起こした水域では中国海軍も活発な活動をしている。両者の間に全く関係がなかったのか。その後，12 月 4 日には中国の 094 型弾道ミサイル原子力潜水艦とみられる艦船が修理かメンテナンスのために渤海にある人民解放軍（PLA）海軍の港湾に向かって台湾海峡を浮上航海したと報道された[12]。同潜水艦が事故を起こした形跡はないというが，報道が引用した専門家の話によると，「弾道ミサイル原潜が浮上航行するのはほぼ前代未聞」のようである。

　現時点までに入手した報道等を読む限り，両者の浮上航海は全く関係がないようである。果たしてそうなのか。軍事は素人の筆者は到底それを判明する能力を持っていないが，コネチカット号の事故後に米中が「戦略的安定性」の協議に本腰を入れ始めたのは事実である。単なる偶然であった可能性は無論あろうが，首脳会談で「3C」と「闘而不破」を各々の方針として，米中両国が衝突回避に関してコンセンサスに達したという判断が正しいならば，契機はともあれ，2022 年においては，米国と中国が衝突のリスクを管理しつつそれなりに安定的に推移するとみてよかろう。

4.3　今後の注目点

　全体としての安定が保てる中で，とりわけ 3 つの分野での動きに注目に値する。すなわち，1 つは核戦力等を含む軍縮の分野において，米中が「戦略的安定性」，つまり相互に決定的な打撃を与える能力を持つ中で均衡の達成に向けてどれだけ本格的に協議を進めることができるかということである。もう 1 つ

は台湾をめぐっての攻防である。米中には相容れない分野が多いが，台湾は中国にとってとりわけ譲れない「核心利益」の1つである。一方，米国にとって台湾問題は自由民主主義と同盟・準同盟国を守る信義にかかわる重大な意味を持つ。衝突回避のメカニズムを構築するに当たって，台湾は互いに避けて通れない関門である。

　経済分野での駆け引きも衝突リスクの管理に大きなインパクトを与えよう。前掲図表2に示す通り，冷和構造であるがゆえに，米国にとって，中国との競争を展開するに当たって抑制（Containment）という手法が通用しない。バイデン政権の関係者がデカップリングはしない，あるいはすべきではないと繰り返し強調しているために，デカップリングという言葉を使わないかもしれないが，結果的には世界経済はイデオロギー・価値観に加え，伝統的な市場経済か，中国的社会主義市場経済かを基準の1つとして再編することになろう。

　それは日本等からの呼びかけにもかかわらず，バイデン政権が環太平洋経済連携協定（TPP）に復帰しない大きな原因の1つだと思われる。この意味で，バイデン政権が新たに作ろうとしているインド太平洋地域の経済的な協力の枠組み作りがどれだけの成果をあげられ，それが衝突回避に関して米中のコンセンサスにどのような影響を及ぼすかは，注意深く見守っていきたい分野の1つとして注目に値しよう。

［注］
1　Remarks by President Biden Before the 76th Session of the United Nations General Assembly, https://www.whitehouse.gov/briefing-room/speeches-remarks/2021/09/21/remarks-by-president-biden-before-the-76th-session-of-the-united-nations-general-assembly/
2　http://www.mod.gov.cn/topnews/2021-12/21/content_4901530.htm
3　Michael R. Pompeo, Communist China and the Free World's Future (https://2017-2021.state.gov/communist-china-and-the-free-worlds-future-2/index.html)
4　実は筆者が日本でも似たような局面に遭遇したことがある。2016年，ある講演で，文明の衝突を米中対立の視点の1つとして語った後，ある研究仲間から「文明の衝突のようなことをあまり言わない方がいい。人種差別と言われかねないからだ」というアドバイスをいただいた。好意に満ちた忠告であり，とてもありがたく思ったとともに，客観的な研究とポリティカル・コレクトネスのバランスのとり方の難しさを改めて実感した。
5　State Department preparing for clash of civilizations with China, by Joel Gehrke, April 30, 2019, https://www.washingtonexaminer.com/policy/defense-national-security/state-department-preparing-for-clash-of-civilizations-with-china
6　Vice President Kamala Harris' remarks on January 6 anniversary, https://edition.cnn.com/2022/01/06/politics/transcript-kamala-harris-january-6-anniversary-speech/index.html

7　How the Biden White House views China, https://edition.cnn.com/videos/tv/2021/11/07/exp-gps-1107-jake-sullivan-on-china-policy.cnn

8　外交部副部长谢锋接受媒体采访问答全文, 新華網, 2021 年 11 月 16 日

9　Readout from the Biden-Xi virtual meeting: Discussion with National Security Advisor Jake Sullivan, https://www.brookings.edu/events/readout-from-the-biden-xi-virtual-meeting-discussion-with-national-security-advisor-jake-sullivan/

10　A Conversation with Indo-Pacific Coordinator Kurt Campbell in the Aftermath of the Biden-Xi Summit, https://www.youtube.com/watch?v=mmBRgv7WnYU

11　米原潜南シナ海で衝突事故, https://www.jiji.com/jc/article?k=2021100800280&g=int

12　中国核潜艇上浮穿越台海, 凸显海上意外冲突风险, https://www.voachinese.com/a/chinese-submarine-s-alleged-surprise-show-highlights-risk-of-the-unexpected-at-sea-20211203/6338415.html

第3章

3期目続投目指す習近平氏の政権運営
——その強さ・政治リスクと人事予測

防衛大学校人文社会科学群国際関係学科教授

佐々木智弘

◉ポイント

▶第2期政権の習近平国家主席（共産党総書記）の権力基盤は盤石である。習人脈で固めた党中央指導部は，抵抗勢力の形成を許さず，スムーズな政策決定が行われており，安定した政権運営を行っている。

▶「共同富裕」の提起は，低成長の常態化による中間層の支持をつなぎ止めるためだが，次期党大会を控えたタイミングでは，政治リスクになりかねない。再分配政策は，さらなる負担を課せられる富裕層・既得権益層の不満を高め，その結果，経済的な豊かさを享受できない中間層の支持すら失う可能性がある。

▶次期党大会での習氏の3期目続投は確定的である。注目の「ポスト習」は，陳敏爾氏（重慶市党委員会書記）か，李強氏（上海市党委員会書記）が有力である。外交担当には王毅（外交部部長）が昇格する。ただし，中央政治局常務委員の人事は，熾烈な権力闘争が予想され，禍根が残り，政治リスクを高めることになる。

◉注目データ ☞ 第3期習近平政権の中央政治局常務委員の予測

序列	第2期（年齢）	第3期（予想される主な兼務ポスト）	
1	習近平（69）	習近平（党総書記，国家主席，党中央軍事委員会主席）	
2	李克強（67）	李克強（全国人民代表大会委員長）	
3	栗戦書（72）	汪洋（国務院首相）	
4	汪洋（67）	王滬寧（中国人民政治協商会議主席）	
5	王滬寧（66）	趙楽際（党中央規律検査委員会書記）	
6	趙楽際（65）	陳敏爾	李強
7	韓正（68）		

(注) なお序列6位の兼務ポストは党中央書記処筆頭書記，7位は国務院筆頭首相，
年齢は2022年7月時点
(出所) 筆者作成

1．習近平氏の盤石な権力基盤

1.1　習近平人脈で固めた党中央指導部

　2012年11月に発足した習近平政権は，2022年秋に2期目を終える。第2期政権は，党中央指導部の要職を習人脈が占め，抵抗勢力が不在であることから，習氏の権力基盤は盤石であるといえるが，発足当初から盤石であったわけではない。

　まず，習氏の権力基盤形成の足取りを見ておきたい。党の最高意思決定に関わる中央政治局委員（委員）25人，さらにこの中から選ばれた上位にある中央政治局常務委員会委員（常務委員）7人の構成から，筆者は習氏の権力基盤の強弱を判断した。

　第1期政権（2012年11月〜17年10月）では委員については1989年6月から2002年11月まで総書記を務めた江沢民氏の人脈が7人，02年11月から12年11月まで総書記だった胡錦濤の人脈が4人を占め，習氏の人脈は本人を含め2人に過ぎなかった（図表1）。

　政権基盤を強化するために，習氏は反腐敗闘争を展開し，元常務委員の周永康氏をはじめ，委員を歴任した薄熙来氏，孫政才氏，郭伯雄氏，徐才厚氏ら抵

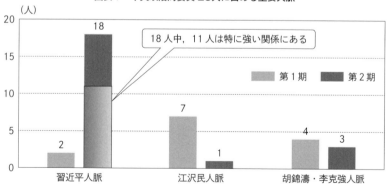

図表1　中央政治局委員25人に占める主要人脈

（注）第2期の習近平人脈は18人中，11人は習氏の地方在職中の直属の部下や同級生，7
　　　人は第1期中に習氏の信頼を得た人（筆者判断）
（出所）筆者作成

抗勢力を処分した[1]。とりわけ，周氏というすでに引退した常務委員経験者を取り締まった剛腕ぶりは，現職の党中央指導者だけでなく，いわゆる長老らに習氏への抵抗が難しいことを印象づけたと思われる。また，自らを党の「核心」とし，さらに「習近平総書記の新時代の中国の特色ある社会主義思想」を党規約に盛り込むなどして，権威を高めていった[2]。

図表2　中央政治局常務委員会委員の顔ぶれ

序列	第1期		第2期			
		属性		属性	年齢	兼務ポスト
1	習近平	◎	習近平	◎	69	党総書記，国家主席，党中央軍事委員会主席
2	李克強	胡	李克強	李	67	国務院首相
3	張徳江	江	栗戦書	○	72	全国人民代表大会委員長
4	兪正声	江	汪洋	○	67	中国人民政治協商会議主席
5	劉雲山	江	王滬寧	○	66	党中央書記処筆頭書記
6	王岐山	◎	趙楽際	◎	65	党中央規律検査委員会書記
7	張高麗	江	韓正	○	68	国務院筆頭副首相

図表3　第2期の中央政治局委員25人（常務委員7人を除く）

	属性	年齢	兼務ポスト
丁薛祥	◎	60	党中央弁公庁主任
王晨		71	全人代副委員長
劉鶴	◎	70	国務院副首相
許其亮	○	72	党中央軍事委員会副主席
孫春蘭		72	国務院副首相
李希		65	広東省党委員会書記
李強	◎	62	上海市党委員会書記
李鴻忠	○	65	天津市党委員会書記
楊潔篪	○	72	中央外事工作委員会弁公室主任
楊暁渡	◎	68	国家監察委員会主任
張又俠	◎	72	党中央軍事委員会副主席
陳希	◎	68	党中央組織部長
陳全国	李	66	前新疆ウイグル自治区党委員会書記
陳敏爾	◎	61	重慶市党委員会書記
胡春華	李	59	国務院副首相
郭声琨	江	67	中央政法委員会書記
黄坤明	◎	65	党中央宣伝部部長
蔡奇	◎	66	北京市党委員会書記

（注）属性は◎○：習近平人脈（◎は習氏の地方在職中の直属の部下や同級生，○は第1期中に習氏の信頼を得た人），胡・李：胡錦濤・李克強人脈，江：江沢民人脈（筆者判断），年齢は2022年7月時点
（出所）筆者作成

　その結果，2017年10月に発足した第2期政権で，習氏は一強体制を確立した。福建省長，浙江省党委員会書記，上海市党委員会書記在職時の部下，そして部下ではないが第1期中に習氏に強い忠誠を示し，権威の確立に貢献した者を中央の要職に抜擢した。これら習人脈が委員の18人，常務委員の6人を占めた。これにより，抵抗勢力の形成が難しくなり[3]，習氏の権力基盤が安定した（図表2，3）。

1.2　政権の一体感

　権力基盤の安定した習氏の政権運営には大きく3つの強みがある。①政権の一体感，②「チーム習近平」による政策決定の掌握，③習政権に対する社会の消極的支持——である。

　第1に，政権の一体感である。政権の骨格となる中央政治局委員などの要職に習人脈が抜擢された。その大半は習氏の直属の部下が占めている。また直属の部下ではなくても，第1期政権で習氏に対し個人的に忠誠を示したことで，習氏の信頼を得ていた[4]。

　こうした有力な指導者が，相互の人間関係が良好かどうかは分からないが，習氏との関係は強固で，習氏のもとでバランスを取って，強い一体感を保っている。

1.3　「チーム習近平」による政策決定の掌握

　第2に，習人脈がチームを形成し政策決定を掌握し，政権を支えていることである。共産党は，分野ごとに関連の中央官庁（部・委員会）を統括するための「中央直属機構」を設置してきた。習政権も，①改革全般を統括する中央全面深化改革委員会，②経済の中央財経委員会，③外交の中央外事工作委員会，④国内治安の中央国家安全委員会，⑤政治司法の中央全面依法治国（法に基づき国を統治する）委員会——を設置した[5]。これらのすべてのトップ（主任）に習氏自らが就いていることから，「総書記直属機構」と呼ぶこともできる（図表4）。

　これらは，各分野に関わる委員や中央官庁のトップ（部長・委員会主任）によって構成される。会議の開催は不定期で，公式報道によれば中央全面深化改

図表4　現在の「総書記直属機構」の構成

分野	名称	弁公室主任	主管部門
改革	中央全面深化改革委員会	王滬寧◎	党中央書記処
経済	中央財経委員会	劉　鶴○	国家発展改革委員会
外交	中央外事工作委員会	楊潔篪○	外交部
治安	中央国家安全委員会	丁薛祥○	党中央弁公庁
政法	中央全面依法治国委員会	郭声琨○	中央政法委員会・司法部

(注) ◎は政治局常務委員，○は政治局委員
(出所) 筆者作成

革委員会が2カ月に1回，中央財経委員会が半年に1回程度，中央外事工作委員会，中央国家安全委員会，中央全面依法治国委員会は2021年には開催が一度も確認されていない。そのため，政策の立案や調整など実質的な役割を果たしているのは，委員会の下に設置される弁公室（事務局に相当）であり，その主任であると推測される。主任はそれぞれ，王滬寧氏，劉鶴氏，楊潔篪氏，丁薛祥氏，郭声琨氏が務めており，全員が委員以上である[6]。しかも郭氏を除き習人脈で占めている[7]。

　政策をめぐる利害対立は中央官庁や省レベルの地方の間で生じる。このため，政権運営をスムーズに進めるカギは，その調整の成否にかかっている。中央官庁や省レベルの地方のトップは，党の中央委員クラスに過ぎないことから[8]，強い利害調整力を有する委員以上の弁公室主任に従わざるを得ない。また，委員会主任である習氏の下にある弁公室を中心に政策の骨格が形成されているため，強い反対意見は出にくく，政策論議も少なくて済む。

　習人脈で固めた「チーム習」が政策決定を掌握していることで，政権運営はスムーズに行われている[9]。それに比べ，胡政権の下での直属機構の弁公室主任は，中央委員クラスに過ぎないテクノクラートだった（図表5）。そのため，

図表5　胡政権の下での直属機構

分野	名称	弁公室主任
経済	中央財経領導小組	朱之鑫
外交	中央外事工作領導小組	戴秉国
治安	中央国家安全工作領導小組	戴秉国

(注) 改革分野と政法分野の直属機構はなかった
(出所) 筆者作成

利害調整力が低く，十分な調整のないまま，中央政治局会議に決定が委ねられたため，政策論議も激しく，政策によっては政局を左右することもあり，権力基盤の弱かった胡氏の意向が政策に反映されないことも少なくなかった[10]。

1.4　習政権に対する社会の消極的支持

　習氏の政権運営の3つ目の強みは，社会の支持を得ていることである。世論調査などのデータで証明はできないが，習政権に対する組織化された批判が見られないことは，社会の中では，政治的な権利や自由，民主化などを求めることによって生じる混乱よりも，安定や経済的な豊かさを享受できる現状の方を良しとする，「消極的な支持」が高いことを示している。

　SNS（交流サイト）などを通じて，湖北省武漢市での新型コロナウイルスの感染発生に対する地元政府などの初動の遅れが批判されたが，これは限定的で，むしろ，その後の中央の指導力によるロックダウン（都市封鎖）などの対応でいち早く感染を抑え込み，経済活動を再開したことが大きく宣伝された[11]。また，政権発足当初から中華民族の偉大な復興という「中国の夢」を掲げ，大国化の道を進め，2018年3月以降の米中対立で米国とわたりあう指導部の姿はナショナリズムをかき立てている[12]。02年末には貧困脱却の達成を宣言する[13]など，弱者対策も進めた。こうしたことから，民衆の習政権への支持が高いことがうかがえる。

2．3期目続投を決定づけた19期6中全会

2.1　19期6中全会と「第3の歴史決議」の意味

　2021年11月8〜10日，中国共産党第19期中央委員会第6回全体会議（19期6中全会）が開かれた[14]。中央委員会全体会議はだいたい1年に1度開かれ，1年間の党の方針を確認，周知する重要な会議である。そして，各期の6中全会は，党大会の1年前のタイミングで開かれており，党大会を安定した政治環境で迎えるために，党内の意思統一と引き締めを図ることを目的としており，19期6中全会もそれに違わない（図表6）。

　しかし，19期6中全会が開催前から注目されたのは，習氏が2022年秋開催

図表 6　各期 6 中全会で採択された文書

2001 年 9 月	15 期 6 中全会	党の作風建設の強化，改善に関する党中央の決定
2006 年 10 月	16 期 6 中全会	社会主義調和社会を構築する若干の重大問題に関する党中央の決定
2011 年 10 月	17 期 6 中全会	文化体制改革を深め，社会主義文化の大発展，大繁栄を後押しする若干の重大問題に関する党中央の決定
2016 年 10 月	18 期 6 中全会	新情勢下での党内政治生活に関する若干の準則

（出所）各種報道から筆者作成

予定の第 20 回共産党大会後も異例の 3 期目[15] となる政権を続投するかどうかに関心が集まっているからだった。

　会議で採択された「党の百年奮闘の重大な成果と歴史的経験に関する党中央の決議」[16]（「決議」）は，習氏の 3 期目続投がほぼ確定したことを大きく印象づけるものとなった。

　同年 7 月に共産党が創立 100 周年を迎えたことから，「決議」はその成果を讃える内容となった。しかし，前半が 1921 年から 2012 年までの 91 年間の成果，後半が 2012 年からの習政権の 9 年間の成果という分量的にアンバランスな構成となった。

　共産党は，党内に路線をめぐる問題があり，それへの党の統一見解を示した毛沢東氏による 1945 年の決議と，鄧小平氏による 81 年の決議を「歴史決議」と呼んだ。しかし，「決議」は，党内に路線問題がない状況下で，党 100 年，とりわけ習政権の成果を讃える内容にすぎず，過去の 2 つの「歴史決議」とは性格が異なった。それでも，習氏は，「決議」を「第 3 の歴史決議」とした[17]。このことからは，習氏が自らを「歴史決議」を出すことのできる毛氏や鄧氏と並ぶ指導者であることを示したかったものと思われた。

2.2　党が習氏の核心的地位を確立

　さらに「決議」は，党が，「習近平同志の党中央の核心，全党の核心としての地位を確立したこと」と「習近平による新時代の中国の特色ある社会主義思想の指導的地位を確立したこと」を明言した。このことは，習氏の地位と思想が党の総意であることを示したという意味で重要である。

　「決議」では，歴代最高指導者の中で党が地位と思想を確立したとしたの

は，毛氏と習氏だけだった。1935 年の遵義会議で毛氏の「領導地位」を確立
し，毛氏を主要な代表とする党中央の路線の「領導地位」を確立し始めたとし
た。しかし，鄧氏についてそうした言及はない。しかも，鄧小平期の成果は，
江沢民期と胡錦濤期の成果とほぼ同じ分量で言及されるに過ぎなかった。

　「決議」は，鄧氏が推し進めた改革・開放を高く評価したものの，鄧氏の扱
いが毛氏や習氏には及ばないものとなったことは，習氏が並びたかったのは毛
氏だったことを示している。1981 年の「第 2 の歴史決議」は，毛氏に対し，
文化大革命による政治的な混乱をもたらす誤りを犯したが，中華人民共和国を
建国した指導者であると評価した。今も圧倒的な権威を有する毛氏は，習氏が
理想とする指導者像なのだろう。

　しかし，党が確立したのは，毛氏自身と路線の「領導地位」である。「領
導」という中国語は，上が命令すれば，下は必ず従うという関係性を意味して
いる。そのため，毛氏の地位は絶対的である。他方，習氏は「核心的地位」で
あり，習氏の思想は「指導的地位」である。「核心」や「指導」より「領導」
の方が，絶対度が高い印象である。その意味では，「決議」は，習氏を毛氏と
同じ扱いにはしていない[18]。

　しかし，そのことは，習氏が毛氏に匹敵しないことを意味しない。2017 年
10 月の第 18 回党大会での党規約改正で，「習近平の新時代の中国の特色ある
社会主義思想」が盛り込まれたが，「習近平思想」とはしなかった。このとき
一強体制の構築に成功した習氏であれば，それは不可能ではなかっただろう。
そのため，習氏は，あえて自らを「絶対化」するような表現を避けたように思
われる。現状の表現で，習氏の絶対的な政治的優位は自明である。そこには，
習氏が，政治的に優位にあっても，万が一の危機感を持ち続けており，また政
治的なバランスを考慮してのことと思われる。

　19 期 6 中全会の意義は，習氏が卓越した指導者であると党が認めたという
ことである。それは，次期党大会での「習氏の 3 期目続投には異議なし」のコ
ンセンサスが党内にできたことを意味していた。

3．習近平政権の不安材料

3.1　習政権にとっての「香港」「ウイグル人強制収容」問題の本質

　しかし習政権に不安材料がないわけではない。香港政府が 2019 年 2 月 13 日に中国本土への容疑者引き渡しを可能にする「逃亡犯条例」の改正案を提出したことに端を発した抗議デモは，「一国二制度」の存続をめぐる抗議デモに発展した。20 年 7 月に香港国家安全維持法が施行され，民主活動家らが逮捕され，デモ自体は沈静化した。民主活動家や民主派メディアに対する香港特別行政区政府や中国政府の一連の対応が国際社会から非難を受けていることは周知の通りである。

　また，2018 年 5 月，国連の人種差別撤廃条約に基づき設立された人種差別撤廃委員会が新疆ウイグル自治区内の施設にウイグル人 100 万人が強制収容され，再教育を受けているとの報告書を公表した。このことを海外のマスメディアが大きく取り上げ，国際社会がウイグル人に対する人権侵害として習政権を批判している。

　言うまでもなく，香港の問題もウイグル人強制収容問題も，国際社会が批判するように，習政権の非人道的な，強圧的な対応を容認することはできない。そして民主活動家をはじめとする香港の人たち，またウイグル人の人権は守られなければならない。

　他方，これらの問題に対しては，冷静な見方も必要である[19]。中国国内では，これらの問題は人々の関心事にはなっていない。そのため，習政権の対応への批判も見られない。中国国内と海外との温度差はかなり大きい。

　中国国内の一般の人々にとっての特別行政区である香港の問題，そして中国の人口の 92％を占める漢族にとってのウイグル人強制収容問題は他人事という認識である。それ故に，習政権にとっては，国内の安定を左右するという意味での不安材料にはなっていないし，強権的な対応を変える必要もない。

　これらの問題で習政権が警戒しているのは，国際社会の反応である。香港の民主化活動や少数民族の反体制活動への国際社会のさまざまな支援を，共産党の一党支配の転覆を謀る動きと認識している[20]。

　そのため，これらの活動に対する習政権の対応は，国際社会と接触を遮断するための強圧的なものとなっている。国際社会に対しては，自らの正当性を主張するとともに，大国化を進めることで外交的に対抗姿勢を強め，さらには支持拡大を図っている。

3.2　低成長の常態化と中間層の支持離れ

　さらに習政権が不安材料として警戒しているのは，低成長の常態化であり，それがもたらす社会，とりわけ中間層との関係の悪化である。

　1949 年 10 月以来，中国共産党が 72 年間も一党支配を維持できた要因には，共産党が軍隊や公安の強制力，メディアなどを掌握し，社会を統制してきたことがある。しかし，そうした上からの一方的な圧力だけでは，一党支配は 72 年もの長期間続かない。共産主義の理念や非民主的な政治体制に共感するわけではないが，所得が増え，経済的な豊かさを享受することができる現状維持を良しとする社会，とりわけ習氏が 4 億人いるとした中間層の支持によるところも大きい。

　1978 年から 2014 年まで年平均 9.8％だった国内総生産（GDP）の伸び率は，2012 年に 8％を切り，19 年は 6.1％，20 年には新型コロナ感染の影響もあり 2.2％にまで落ち込んだ。高度経済成長の時代は過ぎ去り，早晩，中国が低成長の常態化を迎えることは必至である。共産党は今後も人々に経済的果実を与え続けることができるかどうかが，一党支配の安定に大きく関わってくる。21 年からスタートした第 14 次 5 カ年計画でイノベーションを経済成長の新たな成長点とするなど，習政権は低成長の常態化への対応を模索している。

3.3　政治リスクとしての共同富裕

　2021 年 8 月 17 月に開催された中央財経委員会会議を機に，習政権は，「共同富裕」（みんなが共に豊かになること）を強調し始めた。共同富裕は目新しい言葉ではない。遡れば，毛時代の 1953 年 12 月に提唱されており[21]，共産主義の理想として掲げられていた。習政権下でも，17 年 10 月の第 19 回党大会の政治報告，20 年 10 月の 19 期 5 中全会の決議ですでに言及はされていた。しかし，習氏がこのタイミングで共同富裕を突然強調したのは，政治スローガ

ンとして持ち出したと見るべきだろう。

　習政権は貧富の差，財富の差を縮小するために，所得の再分配，医療保険など社会保障制度の整備，住宅保障，教育の公平と人材育成などに重点を置くとしている。しかし，習氏は「少数の富裕でもなければ，画一化された平均主義でもない。段階を分けて共同富裕を促進しなければならない」[22] とし，中間層の一段の拡大に重点を置いていることが特徴的である。

　それは，次期党大会までの約 1 年，低成長が政治リスクとなることを警戒してのことだと推測される。中間層が経済的不安感を強めれば，習政権への不満が生じ，習氏が多くの支持を受けて 3 期目続投を決めることができなくなる。

　第 19 回党大会で盤石な権力基盤を築いたことで，第 20 回党大会までの 5 年間，習氏は 3 期目の続投に向けて，抜本的な改革を行う必要なく，可能な限り習氏の政治ビジョンを政策に反映し，実現可能な政策を決定し，実行しさえすればいい立場にある。共産党は中期的には低成長の常態化への対応として，一党支配の支持層である中間層の拡大に取り組まなければならない。しかし，これまでの経済成長のストックがあれば，少なくとも 3 期目の政権期間くらいは中間層の不満を抑えることができ，急激に習政権への支持が低下するとは考えにくい。

　習氏は，権力基盤が盤石な今こそチャンスと考えたのかもしれない。しかし，抜本的な改革を伴う共同富裕の実現は容易ではない。そのため，このタイミングで再分配政策に乗り出すこと自体が政治リスクになりうる。

　これまで経済成長をけん引してきた既得権益層が再分配の原資をさらに負担することに不満を表出させ，それによって，現行の原資も確保できなくなる可能性が出てくる。その結果，経済的豊かさを享受できなくなった中間層の不満も高まり，矛先が習政権に向けられるかもしれない。政治リスクを軽減するための共同富裕の施策が政治リスクとなる皮肉な結果になりかねない。

4．第 20 回党大会の焦点～人事の行方

4.1　ポスト習近平争い

　第 20 回党大会の焦点は，党中央指導部，とりわけ中央政治局委員（委員），

図表7 第3期習近平政権の中央政治局常務委員の予測

序列	第2期（年齢）	第3期（ケース1）		第3期（ケース2）		
1	習近平（69）	習近平		習近平		
2	李克強（67）	李克強		李克強		
3	栗戦書（72）	汪 洋		汪 洋		
4	汪 洋（67）	王滬寧		王滬寧 or 趙楽際		
5	王滬寧（66）	趙楽際				
6	趙楽際（65）	陳敏爾	李 強	丁薛祥	李 強	陳敏爾
7	韓 正（68）					

(注) 年齢は 2022 年 7 月時点
(出所) 筆者作成

中央政治局常務委員会委員（常務委員）の人事である。ここでは現行制度を前提に，総書記，常務委員を予測してみたい[23]（図表7）。

この予測を難しくすることの1つに，共産党内にあると言われている68歳以上を委員に選ばないとする内規がある。しかし，この内規はこれまで公式に確認されたことはない。習氏は，2022年7月時点で69歳だが，3期目続投を目指しており，圧倒的な支持で総書記に再任されるだろう[24]。その場合は，内規が変更されたとも言えるし，内規など存在しないとも言える。いずれにしても，習氏が，現行の内規に制約されない人事を行うだけの権力を有していることの証左になるだろう。

常務委員については，68歳を超える栗戦書氏と韓正氏が引退するが，新たな構成の予測は2つの可能性によって異なる。1つは，習近平氏が3期で引退し，院政を敷く可能性である（ケース1）。この場合は，67歳以下の李克強氏，汪洋氏，王滬寧氏，趙楽際氏が留任する。そして憲法に首相の3選禁止事項があるため李氏は全国人民代表大会常務委員会委員長を兼務する。首相は，広東省党委員会書記や副首相を歴任し経済通と見られる汪氏が兼務する。

空いた2枠には，ポスト習候補の抜擢が自然である。胡氏や習氏は，省レベルのトップである党委員会書記を経て，総書記就任する1期前に常務委員に就き，その後総書記を2期務めた。ポスト習候補もこれに倣うと思われるが，先述の内規を考慮すれば，2022年7月時点で57歳以下でなければならない。しかし，その条件を満たす現期の委員はいない。

また，2022年1月時点で，その条件を満たす省レベルの党委員会書記もい

ない[25]。そのため，総書記同様に，ポスト習候補も年齢については内規に制約されない抜擢にならざるをえない。そうすると，現期の委員の中で常務委員への抜擢が有力なのは，習人脈の李強と陳敏爾の両氏である[26]。このうち，序列上位者が次の総書記になる。

　もう 1 つは，習氏が，毛氏のような終身最高指導者を目指すかどうかは別として，2027 年開催予定の第 21 回党大会以降の 4 期目の政権続投を目指す可能性である（ケース 2）。この場合は，第 20 回党大会で常務委員にポスト習候補を抜擢する必要はなく，安定した政権運営のための新たな「チーム習」の形成に重点が置かれるだろう。その際，留任組と新任組のバランスを重視するものと思われる。留任組は，上述の理由から李克強氏と汪洋氏が確定的で，さらに王滬寧氏と趙楽際氏のうちのどちらか 1 人が留任するのではないか。新任組は，習氏の側近と目される丁薛祥氏，李強氏，陳敏爾氏の 3 人ではないかと推測する。なお，この 3 人は，ポスト習候補としてではなく，習氏の権力強化のために抜擢される。

4.2　常務委員入りをめぐる権力闘争は必至

　人事は，習政権が抱えるもう 1 つの政治リスクである。李強氏と陳敏爾氏以外にも，2022 年 7 月時点で 67 歳以下の委員は少なくない。習人脈の丁薛祥氏，黄坤明氏，蔡奇氏，李鴻忠氏，李克強人脈の胡春華氏のほか，李希氏である。彼らもポスト習候補としてではなくても，常務委員に抜擢されたいという野心を有していると見るのが自然だろう。そのため，党大会まで熾烈な権力闘争が展開されることは必至である。それは，習氏の 3 期目続投の可否に影響するものではない。しかし，党大会以後も権力闘争の禍根が残ることは避けられず，習氏の権力基盤の強さを保証してきた「チーム習」にひびが入る可能性が出てくるため，3 期目の習氏の政権運営の政治リスクになりかねない。

4.3　経済，外交の舵取りは誰に～日中関係に影響も

　党大会以後も，中国共産党は一党支配を維持するために，国内社会を安定させ，国際社会で存在感を高めていかなければならない。そのために，経済成長と米国との関係が重要であることに変わりない。その経済と外交の舵取りを，

これまでは中央財経委員会弁公室主任の劉鶴氏と中央外事工作委員会弁公室主任の楊潔篪氏が担ってきた。しかし，2022年7月時点で劉氏は70歳，楊氏は72歳であることから，両者は引退すると思われるため，その後任が注目される。

　経済については，中央財経委員会弁公室が置かれている国家発展改革委員会が政策の立案や実施で重要な役割を果たしており，優秀な人材を有している。そのため，中央財経委員会弁公室主任には，国家発展改革委員会主任であり，習人脈の何立峰氏が有力と思われる。

　外交については，国務委員であり，外交部部長でもある王毅氏が浮かぶが，2022年7月時点で69歳であり，先述の内規に従えば，引退である。しかし，外交部の副部長クラスに中央外事工作委員会弁公室主任を務めることができるほどの対米外交での経験や党中央内での政治的経験を有している人材は見当たらない。そうすると，内規に制約されず王氏を昇格させるしかないように思われる。

　何氏に比べると，王氏は昇格できるかどうかのボーダーライン上にいる。そのため，王氏は，習氏への忠誠をさらに示すと同時に，対外的に強い中国の姿勢を示していくのではないかと思われる。王氏は知日派ではあるが，昇格のために日本に対しても必要以上に厳しい態度を示し，国内にアピールしていくことが予想されるため，日中関係への影響を注視しなければならない。

[注]
1　佐々木智弘「反腐敗闘争の政治学」日本国際問題研究所編『国際問題』No.649，2016年3月，27-35頁。
2　佐々木智弘「ON THE RECORD　安定深める習近平政権—全人代の分析と今後の舵取り」霞山会編『東亜』No.611，2018年5月，10-17頁。
3　江人脈を構成していた江氏の上海市党委員会書記在職時の部下（上海閥），胡人脈を構成していた胡氏の中国共産主義青年団中央第一書記在職時の部下（団派）は，第2期政権時にはほとんどが引退している。そのため，江人脈や胡人脈がこの先，党内で勢力を伸ばすということはあり得ない。また，筆者は中国共産主義青年団の地方の書記しか経験していない汪洋氏を団派と位置づけることはできないと考える。
4　第1期政権で，韓正氏や汪洋氏は経済運営，米中戦略対話で大きな貢献をし，李鴻忠氏は習氏が「党の核心」であることを率先して宣伝してきた。
5　これらの名称は，第1期政権では「領導小組」（日本語訳では指導グループ）だったが，第2期政権で「委員会」に改称された。

6 このうち唯一主任を常務委員である王氏が務めていることから，中央全面深化改革委員会は習政
権での最も重要な協調機構といえる（佐々木智弘「中央全面深化改革領導小組の設置と習近平の
リーダーシップ」日本国際問題研究所編『国際秩序動揺期における米中の動勢と米中関係　中国の
国内情勢と対外政策』日本国際問題研究所，2017年，21-28頁）。しかし，2020年9月に主任が王
氏から中央委員の江金権氏（中央政策研究室主任）に替わり，その後の習近平政権における中央全
面深化改革委員会の位置づけには変化が見られる。これについては，別の機会に論じてみたい。

7 中央政法委員会書記を兼務する郭氏は江人脈だが，中央全面依法治国委員会弁公室の実権は，同
委員会秘書長で習人脈の陳一新氏が握っていると推測される。

8 この中には，中央政治局委員を兼務するトップもいるが，そのほとんどが習人脈であることはす
でに述べた通りである。

9 ただしこのことは，政策評価とは無関係である。例えば，新型コロナウイルスの感染予防・抑制
に対し，習政権は「ゼロコロナ」政策で対応している。これには，中国国内にも反対意見があり，
専門家レベルで論議されている（『毎日新聞』2021年8月14日）。しかし，中央レベルで，政局を
左右する政策論議になってはいない。それは，習氏の「ゼロコロナ」の政策指向が共有されている
ことを示している。

10 例えば，2006年にマクロ経済政策をめぐり，胡錦濤氏・温家宝氏（首相）と陳良宇氏（中央政
治局委員兼上海市党委員会書記）が対立し，陳氏は汚職の罪で職務を解任された（佐々木智弘「前
途多難な胡錦濤の政権運営—誤算の人事と「科学的発展観」の限界」大西康雄編『中国　調和社会
への模索—胡錦濤政権二期目の課題』日本貿易振興機構アジア経済研究所，2008年，34頁）。

11 方方『武漢日記：封鎖下60日の魂の記録』（飯塚容・渡辺新一訳），河出書房新社，2020年な
ど。2020年9月8日の全国新型コロナウイルス感染抵抗反撃表彰大会で習氏はコロナ抑え込み達
成を宣言した（『人民日報』2020年9月9日）。

12 米中関係については，松本はる香編『〈米中新冷戦〉と中国外交』白水社，2020年，佐橋亮『米
中対立—アメリカの戦略転換と分断される世界』中央公論新社，2021年などが詳しい。

13 2021年2月25日の年全国貧困脱却難関攻略総括表彰大会で，習氏は「農村貧困人口9899万人
全員が貧困脱却を果たした」と宣言した（『人民日報』2021年2月26日）。

14 佐々木智弘「習近平の危機感　6中全会の「歴史決議」は党内引き締めの"大号令"」『週刊エコ
ノミスト』2021年11月16日号。

15 江氏は，1989年6月の天安門事件で趙紫陽が失脚したことに伴う変則的な総書記就任で，その
後1992年から2002年までの2期を務めた。胡氏は，2002年から2012年までの2期を務めた。

16 「決議」の全文は中国政府ウェブサイト　http://www.gov.cn/zhengce/2021-11/16/content_
5651269.htm（日本語訳は，中華人民共和国駐日本国大使館ウェブサイト http://jp.china-embassy.
gov.cn/jpn/jzzg/202111/t20211119_10450316.htm）2022年8月16日アクセス。

17 中国当局が公式にこの「決議」を「第3の歴史決議」と呼んだのは，会議後の2021年11月12
日の記者会見での曲青山中央党史和文献研究院院長の発言が最初である（『人民日報』2021年11
月13日）。

18 これを，党内に習氏を毛氏と並べることへの反対があるからとの見方もある。しかし，そのほと
んどは，具体的に誰が反対しているのかを示していないことから，筆者は根拠のない憶測に過ぎな
いと見ている。

19 倉田徹『香港政治危機：圧力と抵抗の2010年代』東京大学出版会，2021年，星野昌裕「国際的
な軋轢を深める中国のウイグル政策」『東亜』No.652，2021年10月，18-25頁などが詳しい。

20 全米民主主義基金が中国の民主化や人権問題に関わる少なくとも103団体に支援した総額は
9652万ドル（約106億円）といわれている（『朝日新聞』2016年5月18日）。

21 中国共産党中央委員会「農業生産合作社の発展に関する決議」（1953年12月16日）日本国際問

題研究所中国部会編『新中国資料集成　第4巻』日本国際問題研究所，1970年，160頁。

22　『人民日報』2021年8月18日。

23　佐々木智弘「習氏の権力　3選確定的で側近登用へ」『週刊エコノミスト』2021年1月19日号。なお，党のトップを総書記とする現行制度を主席制に変更するなどの憶測もある。また次期総書記が2期務めないといった可能性も否定できない。そうした場合の人事の予測は，筆者の能力を超えるため，本章では言及しない。

24　習近平の3期目続投に対しては，江沢民や胡錦濤，さらには朱鎔基元首相の反対などが伝えられている（例えば『読売新聞』2022年3月18日）。そうした反対は当然長老の中や党内にあるだろう。しかし，それらが抵抗勢力として組織化されるには，習近平に影響力を行使できる有力な人物が不可欠である。2007年の第17回党大会で，自らの後継者に李克強を推した胡錦濤に反対する江沢民人脈や太子党（二世政治家），軍などを組織化し，対抗馬として習近平を推したのは，当時の常務委員で江沢民人脈の有力者である曾慶紅だった（佐々木「前途多難な胡錦濤の政権運営」，22-25頁）。しかし，第20回党大会を前にそのような有力者は見当たらない。

25　57歳以下という条件だけであれば，省レベルの首長に，浙江省で習氏と近かった可能性のある陝西省長の趙一徳氏（1965年2月生）のような人材がいないわけではない。しかし，省レベルの首長からの常務委員抜擢は想定しづらい。

26　両者には，党委員会書記としての赴任地に違いがある。李強氏は経済発展地域の安徽省と上海市，陳敏爾氏は貧困地域の貴州省と工業都市の重慶市である。また，胡春華氏も有力との見方も少なくない。しかし，李克強氏が留任した場合，李人脈の常務委員が2人になるため，習氏は胡氏の常務委員への抜擢を避けると思われる。なお，中国では選挙による政権選択が行われるわけではないので，人事がSNSなど世論に左右されることはない。

第4章

「強権統治」がもたらすリスク
――チャイナ・ビジネス，より複雑に

日本経済研究センター首席研究員

湯浅健司

◉ポイント

▶ 2022年秋の共産党大会を経て，異例の3期目入りを目指す習近平政権は，一党支配の揺らぎを防ぎ長期政権を確実なものとするため，国内の統制強化を急いでいる。社会の格差是正に重きを置き，巨額の富を生み出したテック企業や不動産業者，教育産業など民間企業への締め付けを強めた。

▶企業への圧迫は経済の活力を失わせ，中国の長期的な安定成長を阻害しかねない。民間企業が不利益を被る一方で，国有企業は規模の拡大による経営基盤の強化を進めている。新型コロナウイルスの影響から容易に脱することができない中国経済は，習政権の政治リスクにさらされている。

▶日本企業の中国ビジネスは従来にも増して，政治動向に気を配る必要がある。欧米勢などとの外交関係の悪化とは裏腹に海外からの対中投資は伸びており，2021年は過去最高となった。日本も巨大市場を放棄することはできず，ビジネスの継続にはリスクをしっかり見極める判断力が求められる。

◉注目データ ☞ 2021年の対中直接投資額は過去最高を更新した

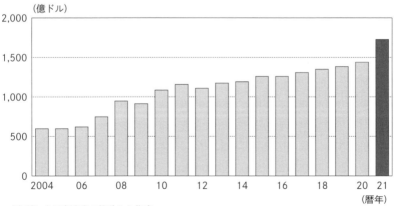

（出所）中国商務省の統計から作成

1．加速から減速へ〜反転した中国経済

　中国の2021年の経済状況は20年に続き，1年を通じて大きく上下した。20年はV字回復だったが，21年は好調から不調へと，逆V字型の展開だった。

　2021年初めから春にかけての国内外の評価は，多くが「中国は世界に先駆けて新型コロナウイルスの感染を抑え込み，経済回復を果たした」といったものだった。1〜3月の実質国内総生産（GDP）は，前年がコロナの影響で大幅な落ち込みとなった反動もあり，前年同期比で18.3％と大幅な伸び率を記録した。

　しかし，4月以降，風景はがらりと変わる。多くの経済統計は軒並み急速にペースダウンした。成長率は4〜6月が7.9％，7〜9月は4.9％，そして10〜12月は4.0％と時を追うごとに低くなり，通年では8.1％成長というレベルに落ち着いた。

　中国の成長率はこの10年来，四半期ベースではほとんど大きな変動はなく，ゆるやかに上下してきた。2020年から21年にかけての動きは異常ともいえる。なぜ，こんなことになったのか。短期的には各地で新型コロナが散発したため，消費の回復に水を差されたことや，局所的な大雨や電力不足によって工業生産が低迷したことなどが主な要因だ。自然現象はなんともしがたいが，見方によっては，当局の対応のまずさが招いた結果とも言える。

　当局も変調経済に神経を尖らせる。歪曲した海外報道を転載してはいけない——。中国の国家インターネット情報弁公室は2021年8月下旬，国内のネットメディアが流す経済情報について，取り締まりを強化すると発表した。「経済の先行きを悲観した報道や書き込みによって金融市場が混乱するのを避けるため」としており，具体的には①当局の経済政策やマクロ統計を勝手に解説し中国経済の減速を唱える②海外で歪曲して分析された中国経済の報道をむやみに紹介する③巷の情報などを大袈裟に報じて人心を惑わす④経済ニュースを断片的に伝えたり悪意をもって改ざんしたりする——などの行為を厳しく禁じた。

　しかし，海外が中国を見る目は当局が意識する以上に厳しい。経済の減速は

パンデミックや天候不順などアクシデントに起因するだけでなく，中国が抱える体制的なリスクを指摘するものも目立つ。日本経済研究センターでは3カ月に一度，アジアの有力エコノミストに各国の景気動向についてヒアリングしている。2021年12月の調査では自国の経済リスクとして「中国」をあげる回答が目立った。例えば，マレーシアの金融大手，メイバンクのチーフ・エコノミスト，スハイミ・イリアス氏は「ハイテクや教育，ゲームなどの業界に対する規制や不動産大手の債務不履行（デフォルト）リスクによる中国経済の減速懸念が高まっている」としている。

　2021年7月の中国共産党創立100年周年に前後して，習近平国家主席は国家運営の基本路線を「開放」から「監管」へと急速に転換させた。スハイミ・イリアス氏が指摘する懸念は，習氏による強権統治がもたらすものだ。

　強権統治の下，目覚ましい発展を支えてきた民間企業の活動が大きな制約を受け，経済の安定成長に暗い影を落とし始めた。不動産をはじめ，過度の締め付けは金融リスクにつながる恐れもある。習政権はどこへ向かおうとしているのだろうか。そして，複雑化するリスクに対して，企業はどう向き合うべきなのだろうか。本章では，新たに浮上してきたチャイナ・リスクを俯瞰するとともに，激動するチャイナ・ビジネスの方向性を考えてみたい。

2.「共同富裕」という考え方

2.1　格差解消は最大の課題

　2021年に習近平政権が打ち出した様々な思想や政策のうち，最も注目されるのが「共同富裕」の理念である。

　習氏は7月に党創立100周年の式典，さらに11月には中国共産党第19期中央委員会第6回全体会議（19期6中全会）と，党の重要なイベントをこなしていった。特に6中全会では，中国共産党史上で3番目となる「歴史決議」の採択を主導し，自らを建国の父である毛沢東氏，改革開放路線を始めた鄧小平氏に並ぶ地位に権威付けることに成功した。

　6中全会の「歴史決議」により，党内における権力基盤は盤石となったとされる。2022年秋には5年に一度の共産党大会が控えており，ここで習氏は異

例の3期目を決める構えだ。一党支配の揺らぎを防ぎ長期政権を確実なものとするため，習氏は国内の統制を一段と強化し，ともすれば，極左的な傾向が強かった毛沢東時代に戻ろうとしているようにも見えるようなった。

「共同富裕」の理念は，その一端をになうものだ。習氏は8月，自身が主任を務める党中央財経委員会を開き，ここで「富裕層と貧困層が少なく中間層が大部分を占める分配構造をつくり，社会の公平正義を促す」と，社会の格差解消を目指した「共同富裕」の実現を提唱した。

中国の格差問題は習政権の最大の課題だ。国家統計局などによると，所得格差を示すジニ係数は2008年に最高の0.491を記録して以来，15年までは低下傾向にあったが16年から上昇に転じ，20年は前年より0.002ポイント高い0.467となった。都市と農村の1人当たり可処分所得の差は12年の2.9倍から20年には約2.6倍にまで縮まってはいるが，都市住民の間では住宅の有無などの理由から格差が開く一方，とされる（図表1）。

図表1　中国の格差の状況

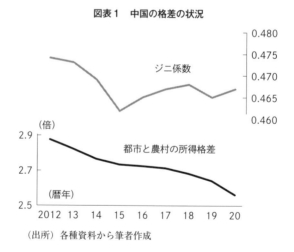

（出所）各種資料から筆者作成

2.2　2022年の党大会をにらむ

「共同富裕」はこうした格差を減らすため，富の「3段階の分配」を強化する考えを示した。

3段階の分配とは①労働報酬②税制や社会保障③自主的な寄付による社会還

元——を指す。具体的には労働分配率を上昇させたり，高所得者の所得税率を高め税の累進性を強めたりする。さらに，過度の収入を合理的に調節するため「富める者や企業の社会還元を奨励する（三次分配）」とともに，「違法な収入は厳しく取り締まる」とクギを指している。習氏は財経委員会において「共同富裕は社会主義の本質的な要求である」と言い切り，社会の格差縮小に全力を挙げる姿勢を鮮明にした。

「共同富裕」は，まず毛沢東氏が提唱した。毛路線に終止符を打ち，改革開放路線により「先に豊かになれる者から豊かになる」という「先富論」を唱えた鄧小平氏も最終目標は「共同富裕」にあったが，実際は改革開放の進展により社会は貧富の格差が拡大した。

格差問題を重視する習氏は改めて「共同富裕」を掲げ，政策の重点を「社会の平等」にシフトさせる方針を明示した。そこには，1年後に迫った党大会を前に国民の党や政府への支持を強めたいとの思惑が透けて見える。

2.3　企業の大きなプレッシャー

3段階の分配のうち，特に強調されているのが「三次分配」だ。「富める者や企業の社会還元を奨励する」としており，事業などで成功した個人や巨額の利益をあげる大手企業は明確なルールも無しに利益の還元が強要される恐れがある。

実際に企業には大きなプレッシャーがかかっているようだ。共同富裕が提唱された財経委員会に前後して，インターネット大手の騰訊控股（テンセント）は「共同富裕プロジェクト」に500億元（約8500億円）を投じる計画を発表。個人でも，携帯電話大手の小米科技（シャオミ）の雷軍・最高経営責任者（CEO）が約2500億円相当の持ち株を慈善団体に，食品宅配最大手の美団の王興CEOは慈善基金に23億ドル相当の持ち株を送るなど，企業や経営者による高額の寄付が相次いだ。

寄付行為は一時的な効果しかないし，あくまで自主的に行うもので，政府や党に強要されるべきではない。テンセントなど中国経済の高度化をけん引してきたテック企業のスーパースターたちが足並みを揃えて共産党の「指導」に同調する姿をみると，党の締め付けがいかに厳しいのか，党の意向に逆らうと惨

い仕打ちが待っているのでは，と想像してしまう。

　共同富裕のスローガンをかざして圧力をかけるようなら，社会に富をもたらす企業の経営者は委縮してしまい，活力もそがれるだろう。2017年の共産党大会ですでに党による企業統制が叫ばれたが，これまでは具体的な動きは目立たなかった。22年の党大会を前にして，統制というリスクが民間企業に向けて牙をむき始めている。

3．出る杭は打たれる〜テック企業の試練

　防衛大学校長を務めた国分良成氏は日本経済新聞のインタビュー[1]で，最近の習近平体制について，「経済的成功を収めた鄧小平路線を否定はしないが，肯定もしない。改革開放という言葉は減った。社会主義体制が壊れる危機感から，かつての体制に逆戻りしている。それが国有企業重視や私営企業いじめだ」と話している。国分氏が指摘する「私営（民間）企業いじめ」は三次分配という寄付行為の強制だけではない。

3.1　最初の標的はアント・グループ

　民間企業への締め付けはすでに2020年後半から顕著になっていた。最初の標的となったのは中国のテック企業の雄，アリババ集団だ。

　アリババは2020年11月にグループの金融会社，アント・グループを香港と上海で上場させ，日本円で約3兆6000億円という巨額の資金を調達する計画だった。ところが，創業者の馬雲（ジャック・マー）氏が上場予定日の3日前に突如，金融当局の聴取を受け，聴取の翌日に上場延期を発表する異例の事態となった。その後，馬氏は公の場に姿を現さなくなる。

　アントの上場問題を契機に，アリババ本体への圧力も強まっていった。上場延期の翌月には本体に捜査のメスが入り，2021年4月になって「独占禁止法に違反した」として約3000億円相当の罰金を科せられた。

　なぜ，アリババが叩かれることになったのか。馬氏が講演で政府批判したとか，ある幹部が自分の不倫騒動をもみ消すため勝手にメディア工作をしたためだとか，理由は諸説ある。いずれも真偽は定かではないが，アリババは深い痛

手を負った。アント・グループの上場が延期で資金調達に失敗したばかりか，本業の勢いも失ってしまい，1年間で時価総額の半分が吹き飛んでしまう。12月には体制を立て直すため，幹部の人事刷新と大幅な機構改革を強いられている。

　アリババに続いて，手ひどい仕打ちを受けたのが配車最大手の滴滴出行（ディディ）だ。同社は2021年6月30日，米ニューヨーク取引所で株式上場を果たし，44億ドル（約4800億円）を調達した。上場前，中国当局は同社が保有する個人情報が上場によって米国に渡ることを懸念し，株式公開を延期するよう求めていたとされる。意向に反した滴滴に対して，当局はただちに立ち入り調査を始めた。データが米国に流出する恐れがあるとして，同社はアプリのダウンロードが禁止され，せっかく上場した米国株が急落。12月3日，ついに米国上場を廃止し，香港上場に切り替えると発表した（図表2）。

図表2　中国のテック企業に関連する規制の動き

2020年11月	金融当局の指導によりアリババ集団の金融会社アント・グループの株式上場が延期に
12月	全人代常務委員会の報道官が独占禁止法を改正する方針を発表
2021年　4月	当局が独禁法違反でアリババに対して182億元の罰金公表
	食品宅配大手の美団を独禁法違反の疑いで当局が捜査
7月	国家安全上の理由で配車最大手の滴滴出行に対する審査を開始，アプリのダウンロードが止まる
	中国政府が中国企業の海外上場の規制を強化すると公表
9月	データ安全法が施行
11月	個人情報保護法が施行
12月	滴滴が米国上場を廃止すると発表

（出所）各種報道などから筆者作成

3.2　新興企業ブームに冷水

　アリババや滴滴などが投じた波紋はさらに広がる。政府は2021年7月26日，ネット関連企業全体を対象に，独占禁止法の順守やデータ安全など4分野について取り締まりを強化すると発表した。共産党は同月30日の中央政治局

会議において，米国などへのデータ流出防止という名のもとに「企業の海外上場の監督を強化する」ことを決定。これを受けて，8月の中国企業の米国上場はゼロとなった。中国メディアによると，20年に米国上場を果たした新興の電気自動車（EV）メーカー，小鵬汽車（広東省広州市）の顧宏地・総裁は規制強化の動きが強まっていることについて「数年後には上場廃止を迫られるリスクがある」との懸念を示している。

　アリババなどに代表される中国のテック企業は，習近平政権が発足間もない2014年ごろから提唱し始めた「大衆創業，万衆創新」や「インターネット強国」というスローガンに乗って，世界を代表する企業へと急成長した。アリババに続けと，様々なスタートアップ企業が広東省深圳市や浙江省杭州市などに集積し，地元政府はオフィスや人材探しから資金調達まで，手厚い支援を施した。その結果，中国はユニークな新興企業が続々と誕生する「大創業時代」を迎え，中には企業価値が10億ドルを上回るユニコーン企業も生まれた。米調査会社CBインサイツによると，21年7月時点での世界のユニコーン企業の数は750社。最も多いのは米国の378社で，中国は米国に次ぐ155社と，全体の20%を占めた。

　中国で台頭してきた新興企業は低迷する国有企業に代わって，社会に大きな富と雇用を生み出すことが期待される。重厚長大産業に多くを依存してきた中国に産業構造の転換をもたらし，経済に新しい風を吹き込むためには欠かせない存在だ。しかし，「出る杭は打たれる」。当局の意に沿わない企業は，情報規制や独占禁止を口実にして次々と打ち出される新しいルールに振り回される。法律や規則に違反すれば罰金を科されるのは当然だが，習政権下の民間企業は自らの正当性が保護されず，明確な説明もないままに，様々な足かせを課せられるようになった。統制強化は「大創業時代」に冷や水を浴びせている。

4．委縮する教育・文化事業

　統制強化の影は教育や文化の分野にも及ぶ。当局は受験戦争を煽る学習塾を規制する一方，学校で習近平国家主席の政治思想教育を徹底させようとしている。時代遅れにも見える思想教育は，社会生活に様々な影響を及ぼす。

4.1　学習塾への厳しい批判～失業者増大の懸念も

　2021年6月，青海省西寧市にある市民センターを視察した習氏が口にした言葉が教育統制の1つの発火点となった。時刻は午後4時半。放課後にやって来た小学生たちが宿題や工作などをしているのを見た習氏は「こうしたことは学校ですべきだ。学校は放課後の時間をすべて社会に押し付けてはいけない。学習は学校の教師が責任を負うべきで，学校で行わず，学習塾など学校外で行うのは本末転倒である」と，学校教育の現状と学習塾を厳しく批判した。

　これを受け，教育省は学習塾を規制するための具体策づくりに着手し，7月には小中学生向けの学習塾を対象にした案を公表した。①新規開業は認可しない②既存の学習塾は非営利団体として登記させる③塾の費用は政府が基準額を定める——といった内容であり，学習塾の営利活動を止めるため，株式上場による資金調達や外国企業の経営参画を禁じるとした。

　厳しい規制は学習塾の経営環境を悪化させる。教師や事務員の解雇が相次ぎ，8月には1000人近い教師を抱える学習塾大手，巨人教育集団（北京市）が事業停止を発表。11月にはオンライン学習大手の新東方在線（北京市）が小中学生向け学習指導サービスを終了したほか，教育ユニコーンの北京猿力教育科技や作業幇教育科技も大幅な事業縮小を強いられるようになった。

　学習塾に対する一連の規制は都市部での失業者増につながる恐れがある。中

図表3　中国の失業率の推移

（出所）中国国家統計局の統計から筆者作成

国の学習塾や教育企業の雇用者は約 1000 万人とされ，このうち 3 分の 1 が解雇や離職などを迫られるとの見方がある。2020 年末時点の都市部での失業者数は合計 1160 万人（登録ベース）。塾関連のリストラは失業者を上積みして，失業率の上昇を招きかねない（図表 3）。

4.2　個人崇拝回帰の懸念

　学習塾規制の背景には，家計における教育費の負担を抑え，それを少子化対策につなげたい指導部の思惑がある。

　中国では厳しい受験戦争を生き抜くため，子供たちは幼いころから様々な学習塾に通う。若い世代の間では多額の教育費の負担を嫌って子供をつくるのを敬遠するカップルが増え，これが少子化の流れを助長させている。国家統計局のまとめでは，2020 年末時点の全世帯に占める「単身・夫婦のみ世帯」の割合は 49.5％。10 年前と比べて 15.3 ポイントも拡大した一方，夫婦と未婚の子どもから成る世帯は 36.7％で，11.1 ポイント縮小した。この 10 年で子供のいない世帯の方が多くなっているのだ。

　指導部は塾規制と並行して，思想教育の強化も進めようとしている。報道によると，新しい学習年度がスタートする 2021 年 9 月から，小中高校で習近平国家主席の指導思想に関する授業が始まった。「習近平の新時代の中国の特色ある社会主義思想の学生読本」という教材を使い，「中華民族の偉大な復興」「台湾統一」などの目標やスローガンについて学ぶという。こうした思想教育はかつての文化大革命すら想起させる。文革期は若者がこぞって毛沢東語録を振りかざし，「四旧（古い思想・文化・風俗・習慣）打破」を叫んだ。

　教育の分野と並び，文化・芸能の分野でも統制が強まっている。2021 年 8 月下旬，複数の著名な芸能人が脱税などを理由に相次ぎ処分されたり，失職したりした。9 月には党中央宣伝部が芸能人の思想教育を強化する通知を発表している。

　ゲーム業界も規制の対象となっている。学習塾に前後して，2021 年 7 月から新作発売に必要な認可が停止。9 月には 18 歳未満へのネットゲームのサービス提供時間が週末や祝日の 1 日 1 時間のみに限定された。ゲーム大手は巨大な仮想空間「元宇宙（メタバース）」関連の事業開拓など，新規分野への参入

により成長の維持を探るが，体力に乏しい中小は経営悪化の危機に瀕している。

5．激震走る不動産業界と金融リスク

　統制強化に揺れる中国企業。プラットフォーマーをはじめとするテック企業や教育産業とともに，大きな焦点となっているのが不動産会社だ。
　中国ではここ数年，住宅価格の高騰が続いた。北京市や深圳市など大都市では新築物件の価格が労働者の平均年収の60倍近くと，東京やニューヨークの9〜14倍をはるかに上回るとされる。「マイホーム」は今や庶民には高根の花で，富裕層しか購入できない水準ともいえる。住宅問題は社会格差の象徴であり，「共同富裕」を唱える習近平指導部はなんとか住宅価格を抑制しようと，過剰投資をやめない不動産業界への融資規制に乗り出したが，これにより多くの企業が経営難に苦しむようになった。

5.1　バブルの象徴，恒大集団

　揺れる中国の不動産業界で，国内外の注目を集めたのが恒大集団だろう。日本でも連日のようにメディアを賑わせた。
　恒大集団は董事局主席の許家印氏が一代で築き上げた不動産開発の大手企業だ。河南省の貧困地区で育った許氏は深圳市の貿易会社に就職。1994年にその貿易会社が広州市でマンション開発を始めると，責任者として不動産事業の経験を積んでいった。97年に独立して恒大集団を設立。高度成長期の不動産ブームに乗って，会社は発展を続け，2009年には香港上場を果たした。
　中国本土だけでなく海外事業を買収したり，プロのサッカーチームの運営や飲料水事業，さらにはEV事業にまで参入したりするなど，積極的に多角化を進めた。住宅販売面積では中国で第2位，許氏は資産ランキングで中国トップの大富豪になるほどまでに成長したが，一貫性を欠いた無謀な投資がたたり，負債総額は2021年6月末時点で約2兆元に達した。
　恒大集団の経営問題が表面化し始めたのは2020年9月ごろからだ。中国人民銀行は不動産会社の債務増による金融リスクを解消するため，大手不動産会

社に対して①総資産に対する負債の比率が70％以下とする②自己資本に対する負債比率が100％以下とする③短期負債を上回る現金を保有する——という財務指針「3つのレッドライン」を設定。指針を守れない企業は借り入れ規模などが制限されるようになったが，恒大はこれらの条件をほとんどクリアしていなかった。

　野放図な経営実態が暴かれた恒大集団はネット上に「デフォルトのリスクがある」との文書が出回り，株価が急落。同社は全面的に否定したが，2021年6月には格付け会社が格付けを引き下げ，社債の利回りが急上昇した。

　社債の利払いなどに必要な資金を調達するため，まだ完成車の生産すら始まっていなかったEV事業の売却話まで浮上したが実現せず，9月には中国メディアが「広東省当局が恒大の経営破綻に備えて法務や財務，会計の専門家らから成る作業部会の設置に乗り出した」と報道。利払い期日を迎える社債のデフォルトが現実味を帯び，中国国内だけでなく，世界中のマスコミの報道が過熱した。いったんはなんとかデフォルトは回避したが，10月4日には香港での株式取引がストップ。10月以降，続々とさらなる社債の利払い期日を迎え，ついに12月9日，格付け大手フィッチ・レーティングスは恒大集団が部分的なデフォルトに陥ったと認定した。

5.2　冷え込む不動産市場

　過剰債務は多くの不動産会社に共通する問題であり，デフォルトのリスクは至るところにころがっている。2021年の債券市場では11月末時点で総額1800億元規模が債務不履行となった（図表4）。年末を待たずに通年ベースで過去最高の規模となり，その多くは不動業界に起因するとみられる。格付け会社，フィッチ・レーティングスのまとめでは，22年に償還期限を迎える主な不動産会社の債券は，オフショア債が約400億ドル規模，中国国内債は1650億元にのぼるという。

　不動産会社の経営基盤はぜい弱だ。市場調査の貝殻研究院（北京市）によると，不動産大手85社のうち，2021年6月末時点で人民銀行の「3つのレッドライン」は3つとも基準を満たしていた企業は32社と，全体の38％に過ぎなかった。3つとも未達の不良企業は8社（藍光発展，京投発展，泰禾集団，格

図表4　中国の社債の債務不履行の規模

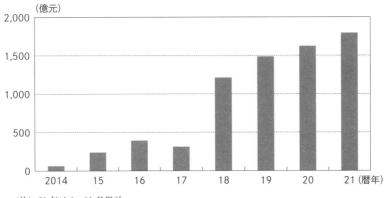

（注）21年は1～11月累計
（出所）中国メディアの報道などから筆者作成

力地産，華夏幸福，富力地産，中天金融，嘉凱城。恒大集団は2つ未達）も
あった。

　未達の8社は恒大同様に危機的状況にある。例えば，1994年創業の富力地
産（広東省広州市）は2005年7月に香港に上場し，一時は本土大型株で構成
する「ハンセン中国企業株指数」の構成銘柄に選ばれたこともある。最近は，
金融機関からの新規借り入れが認められず，グループ企業を同業他社に売却す
るほか，経営陣が自分の資産まで提供するなど，資金繰りに苦労している。
高級戸建て住宅を手掛ける泰禾集団（福建省福州市）や藍光発展（四川省成都
市）は新型コロナの影響などで販売不振となり，20年夏以降，デフォルトに
陥っている。

　不動産市場も冷え込んでいる。国家統計局が調査した主要70都市のマン
ション価格の今年の変動率（前月比）をみると，1線都市から3線都市まで
5～6月をピークに上昇幅が縮小し始め，12月には1線都市がマイナス0.1％，
2，3線都市はいずれもマイナス0.3％となっている（図表5）。住宅ローンの融
資規制に加えて景気減速や恒大集団など不動産会社の経営不振から購買意欲が
低下し，取引価格の下落を招いたとみられる。民間研究機関，易居不動産研究
院によれば，主要40都市の11月の新築分譲住宅成約面積は前年同月比39.4％
減の2014万平方メートルと，過去10年で最低水準を記録した。

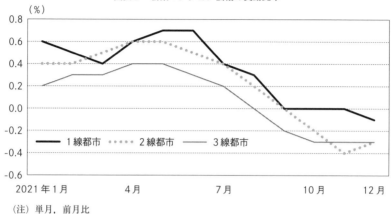

図表5　新築マンション価格の変動比率

（注）単月，前月比
（出所）中国国家統計局の統計から筆者作成

　市場の縮小を受けて，大手だけでなく中堅以下の不動産会社の経営も深刻度を増している。中国メディアによると，2021年初めから9月5日までの不動産開発業者の倒産件数は274件。「1日に1社」のペースでつぶれている計算だ。大手に比べ経営基盤の弱い企業に，倒産の波が急速に広がっている。

5.3　地方政府の財政難も

　苦境に陥った不動産業界をどう立て直すのか。中国共産党は2021年12月6日の中央政治局会議で不動産規制を修正する方針を示した。これに呼応し，広東省政府は恒大集団に監視チーム派遣し，恒大内部に省政府系企業幹部を交えた「リスク管理委員会」を設置することを決めた。他の地域でも四川省成都市は11月，不動産金融の規制緩和を発表。天津市は同月，不動産会社を集めた会議で値下げ幅を制限するよう指示したほか，江蘇省南京市も開発業者に無暗な値引きで市場を混乱させないよう命じた。

　2021年7〜9月の名目GDPに占める不動産業と建築業の割合は約14％。基幹産業ともいえる不動産業界の危機は，中国経済に与える影響が大きい。さらに，地方政府の多くは住宅開発向けなどに土地を売却して収益を得る「土地財政」に大きく依存している。不動産市場の低迷は地方財政の悪化にもつながるため，事態をいつまでも放置するわけにはいかない。

　中国の報道などでは，不振企業を救済するため国有企業による買収が始まっており，2022年は業界再編が加速するとみられる。22年1月には経営難に陥った不動産開発会社，華南城集団（広東省深圳市）が深圳市当局傘下の特区建発集団から総額約300億円の出資を受け入れ，特区建発の出資比率は約30％の株式を握る筆頭株主となった。特区建発は市場取引を約18％下回る価格で株を取得しており，華南城集団は割安な水準で国有企業に身売りしたことになる。

　もっとも，安易な救済は放漫経営を繰り返してきた業者のモラルハザードを招く。マンションなどの投機が再び過熱すれば，格差に苦しむ庶民の強い反発も予想される。格差是正を叫ぶ指導部は富裕層を相手に利益をあげて成長してきた不動産会社への対処を誤ると，自らの首を絞めることになりかない。「共同富裕」のスローガンは経済運営の足かせとなってしまうだろう。

6．再び歩む「国進民退」の道とその弊害

　中国経済は統制が強まる民間企業に，これまで多くを依存してきた。2021年9月，河北省で開かれた博覧会であいさつした劉鶴副首相は「民間企業は国の税収の50％以上，GDPの60％以上，技術創出の70％以上，都市部の新規雇用の80％以上を担う」としたうえで，「民間経済の発展を大きく支持する」と述べた。

　しかし，習近平指導部が打ち出す方針は，民間企業重視とはほど遠いように見える。不動産業界では，国有企業による不振企業の救済が進みつつある。政権が頼るのはやはり国有企業であり，多くの業種で国有企業を優遇して民間企業は圧迫される「国進民退」が進んでいる。

6.1　国有企業と民間企業の利益が逆転

　国家統計局の発表では，主力事業の年売上高が2000万元以上の製造業による2021年1〜10月期の利益総額は，国有が前年同期比74.2％増の2兆2116億元，民間は同30.5％増の2兆1703億元となり，国有が民間を上回った（図表6）。民間企業は国有に比べ，当局の規制強化で資金調達が難しくなっているほ

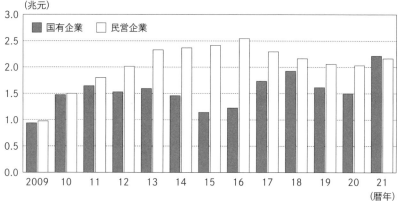

図表6　2021年は国有企業の利益総額が民間企業を逆転

（注）21年は1〜10月の累計額
（出所）中国国家統計局の統計から筆者作成

か，消費財関連を手掛ける企業が多いため原材料価格の高騰が収益に与える影響が大きい。通年でも国有が民間を上回れば，リーマン・ショックが起きた2008年以来となる。

6.2　相次ぐ大型合併

　習政権にとって，国有企業の戦略的な重要性が増している。米国との対立が長期化する中，共産党や政府の手足となる国有企業を産業競争力強化の柱に据え，米国と対峙する考えだ。李克強首相は2021年3月の全国人民代表大会（全人代）で行った政府活動報告の中で，同年度の方針として「国有企業改革3カ年行動を踏み込んで実施し，国有資本・国有企業をより強く，よりよく，より大きくする」と表明。この方針は年末に開かれた中央経済工作会議でも確認されている。

　指導部の方針に沿う形で，産業界では2021年に入って，国有企業を「より大きくする」動きが加速した。国有化学大手の中国中化集団（シノケム）は3月末，中国化工集団（ケムチャイナ）と経営統合を果たした。両社の売上高は合計で約16兆円と，日本の化学メーカートップ，三菱ケミカルホールディングスグループの5倍近い規模にのぼる。

　素材産業では鉄鋼最大手の宝武鋼鉄集団が同7位の山東鋼鉄集団との統合を

交渉中。宝武鋼鉄は 2016 年，日本でも馴染み深い宝鋼集団と武漢鋼鉄集団が合併して発足した巨大鉄鋼メーカーであり，19 年には粗鋼生産量が世界一となった。今回の統合が実現すれば年間の生産能力は 1 億 4000 万トンにまで増え，世界第 2 位のアルセロール・ミタル（年産能力 7846 万トン）の約 2 倍という圧倒的なトップメーカーとなる。

　IT（情報技術）業界では最大手の中国電子科技集団が 2021 年 6 月，同業の中国普天信息産業集団との経営統合を実現させた。統合会社は売上高が約 6 兆円。中国電子科技は傘下に監視カメラ世界最大手の杭州海康威視数字技術（ハイクビジョン）を持つ。同社は米国の制裁対象となっており，政府主導で経営規模を拡大して技術開発力を強め，米国に対抗する狙いだ。

　中国はこれまでも鉄道車両や造船，海運，エネルギーなどの分野で，大型国有企業の統合再編を進めてきた。アリババ集団など民間企業に対しては厳しく独占禁止法を振りかざす一方で，次々と世界での有数の巨大な国有企業を生み出し，独占の度合いを強めさせている。国有企業が民間企業を傘下に収め支配する動きも目立つ。2020 年には国有企業や政府系ファンドが約 50 の民間上場企業の経営権を獲得している。

6.3　TPP 加盟の障害に

　加速する「国進民退」の動きは弊害も大きい。産業界であまりに国有企業の支配力が強まり，民間企業が委縮するならば，これまで盛り上がってきた「大衆創業，万衆創新」の機運がしぼんでしまい，中国経済の活力を削ぐリスクをもたらす。

　国有企業は巨大化したからといって，企業の競争力が「より強く，よりよく」なるとも限らない。肥大化した組織は効率が悪く，迅速な意思決定が難しくなる。経営トップには企業と関係がなかった共産党の要人や政府幹部が横滑りしてくるケースも相変わらず目立ち，国有企業の長年の課題である経営の近代化が遠のく恐れがある。横滑り人事は腐敗も生みやすい。近年，国有企業を巡っては大型の汚職事件の摘発が相次いでいる。

　中国は 2021 年 9 月，包括的かつ先進的環太平洋経済連携協定（CPTPP）への加盟を申請した。対立する米国は TPP に消極的であり，中国には米国に先

んじて成長が続くアジア太平洋地域の貿易や投資で主導権を握りたい思惑があるのだろう。ただ，CPTPP は加盟国に対して，自由な競争を妨げる国有企業の優遇を禁じている。中国が加盟を急ぐなら，「国進民退」の姿勢を改めて，国有企業改革に力を入れる必要がある。現状のままでは，加盟交渉にかなりの時間を要するだろう。

7．中国とどう向き合うのか～問われるチャイナ・ビジネスの姿勢

　習近平国家主席の独裁色が益々濃くなり，市場経済をけん引してきた民間企業が政治的な締め付けを受けている。中国経済は新型コロナの影響から完全に脱することができず，不安定要因が増す中，習氏は異例の3期目に突入しようとしている。そうした中国と，日本企業はどう付き合っていくべきなのか。

　チャイナ・ビジネスはこれまで見てきたように，従来よりも一層，政治の動向に左右されるという，暗くて重いリスクを抱えるようになった。

　6中全会における「歴史決議」によって，習氏の権威は毛沢東氏や鄧小平氏と並ぶようになった。習政権が長期化しても，対外開放という鄧小平路線が放棄されることはないだろうが，優遇政策という外資に与えられる恩恵が乏しくなることは間違いない。中国の民間企業が受けている仕打ちを，外国企業だからといって免れる保証も無い。ころころ変わるルールや法律は内外平等で適用される。

　2022年は日中国交正常化50周年という節目の年にあたる。従来なら，政治，経済とも日中友好ムードが高まり，様々なイベントが開かれるのだろうが，今回はそんなムードは一向に高まっていない。

　2019年12月の安倍晋三首相の訪中以来，日本と中国の間では首脳同士の直接交流が途絶えたままだ（図表7）。「日中友好」の効力は薄れ，思想の統制強化はむしろ「反日」というリスクを高める恐れすらある。

　最も日本に友好的な都市，遼寧省大連市で2021年8月，中国最大級という日本をテーマにした複合商業施設「盛唐・小京都」が開業した。京都の風景を再現した街並みが売り物で，日本から家電大手や地方自治体などが出店したのだが，オープンからわずか10日で地元政府の指示により商業施設の営業を停

図表7　日中首脳会談と日中関係の主な動き

2011 年　5 月	温家宝総理訪日（日中韓サミット出席）
12 月	野田佳彦首相訪中
2012 年	日中国交正常化 40 周年
5 月	野田首相訪中（日中韓サミット出席）
2013 年	日中平和友好条約締結 35 周年
2014 年 11 月	安倍晋三首相訪中（北京 APEC 首脳会議出席）
2016 年　9 月	安倍首相訪中（G20 杭州サミット出席）
2017 年	日中国交正常化 45 周年
2018 年	日中平和友好条約締結 40 周年
5 月	安倍首相と習近平国家主席との初の日中首脳電話会談
	李克強総理訪日（日中韓サミット出席）
10 月	安倍首相訪中（第 1 回日中第三国市場協力フォーラム出席）
2019 年　6 月	習主席訪日（G20 大阪サミット出席）
12 月	安倍首相訪中（日中韓サミット出席）
2022 年	日中国交正常化 50 周年

（出所）外務省の資料などから筆者作成

止した。ネット上で「日本による中国文化への侵略だ」などと批判が集まったためという。日本だけでなくロシアや韓国，モンゴルなどの製品を扱う店舗も加えて日本色を薄めることで，22 年 2 月にようやく営業再開にこぎ着けたが，この大連のトラブルは中国ビジネスの危うさを改めて思い知らされる。

　習政権が存続する限り，中国でビジネスをするには様々な面で指導部に従順な姿勢を示すことが必要となりそうだ。それが嫌な企業は中国から出ていくほかないが，隣国の巨大な市場は簡単には放棄できない。手を引けば，他の国に商機を奪われるだけだ。

　海外から中国への直接投資は 2016 年以降，米中関係の悪化などにもかかわらず，増加し続けている。2021 年は通年で前年同期比 20.2％増の 1735 億ドルと過去最高を記録した。欧米の企業は国家間の外交関係の悪化をしり目に，したたかに商機を探っている。

　日本企業も欧米勢の攻勢に対抗しなければならない。中国に根を張り続け事業を維持・拡大するには，まずはチャイナ・リスクを点検し，落とし穴に嵌ら

ないよう細心の注意を払う必要がある。

　注意すべきチャイナ・リスクとは何か。それは，突き詰めれば「習近平」そのものだ。

　リスクを探るには指導部の考えをよく理解することが大切だ。そのためには，まずは中央や地方政府との意思の疎通が重要である。1社単独で難しければ，商工会など団体を通じて中国側との太いパイプを築きたい。現地に進出している法人や事務所はそうした努力を通じて中国の最新の情報を吸い上げ，日本の本社と共有するべきだ。

　本社サイドはメディアの偏った情報に接して，ややもすれば習政権をネガティブに捉えがちである。現地から他国の投資動向なども含めて，ビジネスの情勢を正確に伝え，本社と連携して中国でしっかり生き残り利益を得る道を探りたい。進出企業には今こそ，知恵と覚悟が求められる。

［注］
1 「中国共産党支配の行方　日米中の専門家3人に聞く」日本経済新聞2021年6月21日朝刊。

第5章 ———————————————————

加速する少子高齢化と社会保険の行方
—— 「総人口の縮小」で迎える試練の時代

東京外国語大学総合国際学研究院教授

澤田ゆかり

◉ポイント

▶中国の少子化は，中国政府が2016年に立てた目標よりも加速している。20年に実施された第7次人口センサスの結果を踏まえると，総人口の縮小は今年（22年）から始まる可能性が高い。

▶少子化は沿海部の大都市で先行したが，それらに対して労働力を供給してきた内陸の省でも「少子化の崖」と呼ばれる出生率の急落が見られる。出生率の回復を促す政策はいずれも決め手を欠く。

▶近年，公的年金の収支は悪化し，新型コロナウイルスの感染が収束しない状況下で社会保険基金全体が赤字に転落した。ただし，その主要な要因は，救済のための支出の増大ではなく，景気対策として企業の負担を減らすためであった。高齢化による収支の悪化は，今後加速すると思われる。

◉注目データ ☞ コロナ対策で悪化する社会保険の収支

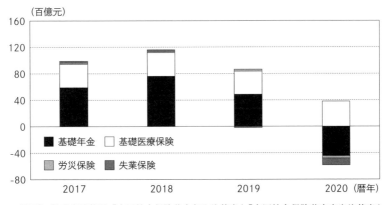

（百億元）

■ 基礎年金　□ 基礎医療保険
▨ 労災保険　■ 失業保険

（出所）財政部予算局「全国社会保険基金収入決算表」「全国社会保険基金支出決算表」「全国社会保険基金結余決算表」など

1. 加速する少子化

1.1 人口ボーナスの終焉

　少子高齢化は強大化する中国のアキレス腱の１つとして，海外からも関心を集めている。2022年1月17日，国家統計局は21年の主要な経済統計指標を発表した。その末尾に含まれていた人口動態の速報値から，近年の産児制限の緩和にもかかわらず，出生数の減少に歯止めがかかっていないことが改めて確認された。これに関して，ニューヨーク・タイムズ紙は① 21年に生まれた新生児の数が予想よりも低い1060万人にとどまった② この出生数は，大躍進政策の失敗と自然災害によって出産数が激減した1961年の記録すらも下回った[1]③ 21年の死亡数は1010万人に達しており，ほぼ出生数と拮抗している──ことを紹介し，米国在住の中国人専門家[2]の言葉を引用して，「21年は中国の長い歴史のなかで，人口が増加した最後の年として記録されるだろう」と危機感を全面に押し出した[3]。

　中国政府もこうした歴史的転換に手をこまねいていたわけではない。少子化問題は共産党と政府の重要課題として20年以上前から取り上げられていた。とりわけ2000年の人口センサスで，１人の女性が生涯に産む子供の数を示す合計特殊出生率が1.32にまで低下したのをきっかけに，長年の国策であった「１人っ子政策」を見直す必要性が俎上にあがった。

　問題は，そのタイミングであった。2000年代初頭は，中国の団塊ジュニア世代が結婚・出産適齢期[4]に入りつつあった。１人っ子政策の緩和を急速に進めれば，これまでの反動も重なって政府のコントロールが及ばないベビーブームが起きることが危惧されていた。最終的に，国家統計局は独自の統計手法で当年の合計特殊出生率を1.8に上方修正したため，１人っ子政策は継続されたのである。

　しかし，2004年ごろから「民工荒」とよばれる農村出身の労働力の不足が表面化し，廉価で豊富な労働力に依存してきた従来型の経済成長が持続不可能になりつつあることを否応なく認識させた。いわゆる「人口ボーナスの後退」である。

　人口ボーナスとは，働くのに適した年齢の国民が，扶養される者よりも増大する状態を指す。具体的には，生産年齢人口（15〜64歳）の増加率が，年少人口（15歳未満）と高齢人口（65歳以上）のそれを上回ることを意味する。この時期は負担となる被扶養者に対して労働力が豊富になるので，高度経済成長のチャンスとなる。中国は1970年代後半から2011年までの間に生産年齢人口の比率が急上昇し，人口ボーナスの拡大局面となって，改革開放期の経済成長を支えた。

1.2　総人口数は縮小局面に突入

　2012年に政権トップの党総書記の座についた習近平氏は，経済成長の減速を前提とする「新常態」下の方針として，内需主導の経済モデルを打ち出した。活力のある国内市場を支えるためにも，「1人っ子政策」からの脱却は待ったなしとなり，政府は13年には「単独両孩」（夫婦のいずれかが1人っ子なら第二子の出産を認める）の指針を決定。15年には「全面両孩」（すべての夫婦に第二子の出産を認める）政策を公布し，翌16年から実施した。21年には出産枠を3人までとし，さらなる緩和拡大の意思を示した。

　これらの動きと並行して，国務院（政府）は2016年末に「国家人口発展計

図表1　2030年を総人口減少の年とする国連の人口推計

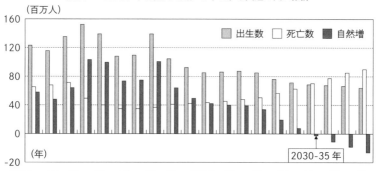

　（注）自然増は出生数から死亡数を差し引いた人数。自然増がマイナスになると，総人口は前年よりも減少する。

　（出所）United Nations, Department of Economic and Social Affairs, Population Division (2019). World Population Prospects 2019, ウェブ版

画（16〜30年）」を発表し，30年までの目標として「総人口14億5000万人，
合計特殊出生率1.8，出生時の性比107，平均寿命79歳」を掲げた[5]。

　当時の予測では，総人口が減少に転じるのは2030年ごろと考えられてい
た。国連の人口予測（19年版，図表1）も，ほぼ同じ時期に中国の人口減少の
始まりを想定していた。その前の20年から25年の5年間には約2044万人の
自然増が見込まれ，単純に年平均すると総人口は年間に約400万人前後も増え
ると見られた[6]。

　しかし，現実の少子化は，これら内外の予測を超えるスピードで進行した。
国家統計局がまとめた2001年から20年までの数値に21年の速報値を加えた
データを見ると，2010年代の自然増の規模は，12年に1006万人とピークに達
した後は680万人から920万人の間を上下していたが，「全面両孩」政策を実
施した16年に906万人まで上昇したのを最後に5年連続で前年を下回った。
19年には人口の自然増の幅は467万人と16年から3年間ではほぼ半減した。さ
らに20年には半減以下となり，21年にはわずか48万人にまで落ち込んだ。

　これは中国政府と国連の予測値を大きく下回るものであった。14億人を超
える総人口の規模を考えれば，48万人の増加はあまりにも微々たるものであ
る。総人口は22年の今，まさに縮小局面に入りつつある。

1.3　少子化の「崖」〜産児制限の緩和だけでは人口減に歯止めかからず

　人口の自然増は出生数と死亡数の差で求める。人口転換においてはまず少子
化が先行しその後に高齢化が進行する。現在の中国は高齢者の死亡数よりも新
生児の出生数が人口規模を決定する時期にあり，近年の人口の自然増加率は出
生率とほぼ連動している。2016年から2021年の6年間で，出生率は13.57‰
から7.52‰に下落し，自然増加率も6.53‰から0.34‰まで急落した。こうし
た急カーブは「少子化の崖」とも呼ばれる（図表2，3）。

　また合計特殊出生率は，すでに2020年の時点で1.3と政府の目標値を下回っ
ていたが，2021年は1.1ないし1.2とさらに低下した可能性が高い[7]。以上の
ことは，もはや1人っ子政策の転換だけでは，総人口の縮小にブレーキがかか
らないことを示唆している。

　一方，国家統計局の王萍萍・人口就業統計局長は全国の2021年人口統計に

図表２　鈍化する人口増の勢いと急落する出生率（対前年比）

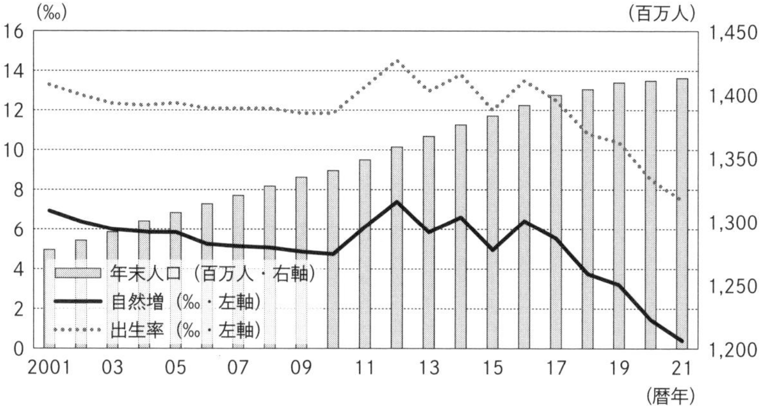

図表３　縮小する人口の自然増（万人）

2001年	2002年	2003年	2004年	2005年	2006年	2007年
884	826	774	761	768	692	681

2008年	2009年	2010年	2011年	2012年	2013年	2014年
673	648	641	825	1006	804	920

2015年	2016年	2017年	2018年	2019年	2020年	2021年
680	906	779	530	467	204	48

←――――――――――――――――――――― 少子化の「崖」―――――――――――→

（注）2021年は速報値
（出所）図表2，3とも国家統計局データベース，国家統計局（2022）。

　関して，15歳から59歳までの生産年齢人口[8]が2021年末時点で8億8222万人と9億人近い水準であることを根拠にして，中国の労働力はまだまだ豊富であると主張した[9]。実際に前年の20年から比べると，21年の生産年齢人口は全体で247万人ほど増加している。

　もっとも王自身が認めるように，この増加は主として1961年の出生数が異常に少なかったことに起因する。中国では生産年齢人口の算出においては，当年に15歳に達した人口を新たに含める一方，同年に60歳になった人口を外す。したがって，退出する60歳人口の数が小さければ，結果として生産年齢人口の数を押し上げる効果をもつ。61年は歴史的に異常値といえるほど出生数が落ち込んだ年である[10]。この年に生まれた世代が2021年に60歳を迎えた

ことから，生産年齢人口が一時的に増加したのであって，人口ボーナスが再び拡大へと向かったわけではない。

　しかも1962年からはその反動でベビーブームが起こり，合計特殊出生率は60年の3.29から6.02に急上昇した。2022年はこの中国版の「団塊の世代」が還暦を迎える初年となることから，21年とは逆に大量の定年退職が生じる見込みである。彼らは文化大革命のさなかに幼少期から10代までを過ごした世代であり，農村が都市化する前に成長した世代でもある。教育の機会が乏しかったため，現在の大学進学率が50％を超えた若者とは大きな学歴ギャップがある。

　少子高齢化のさなかで労働力を確保するために，中国でも定年延長の議論が盛んになってきたが，中国政府が描く知識集約型の産業高度化やデジタル立国の構想が求める労働力は，文革世代の高齢者の能力とはマッチしない面が大きい。

1.4　地方でも出生率が低下〜労働力を供給してきた安徽省の例

　労働力の供給として少子化を考える場合は，地方の変化にも留意する必要がある。もともと少子化は上海市や北京市，天津市など経済成長が著しい東部の沿海大都市で先行していた。逆に年少の従属人口[11]比率が高いのは，1人っ子政策の例外として優遇された少数民族地区と農村地帯が多い中西部であった。このため上海や北京は地元の出生率が低下しても，中西部からの人口移動を受け入れることで，経済成長に必要な労働力を確保することができた。しかし今，労働力の供給源である中部も少子化の崖を滑り落ちつつある。

　図表4は第7次人口センサスから生産年齢人口と従属人口が地方の総人口に占める比率を省別に示した表である。15歳未満の年少人口の比率が最も低い省（直轄市・自治区）は今もかわらず上海市であり，9.8％と31省の中で唯一，10％を下回っている。ところが2位から4位までは東北三省が僅差で並んでおり，北京が5位に入っているものの，浙江省が6位と7位の天津市を上回っている。

　さらに注目に値するのは，ながらく出稼ぎ農民の出身地であった四川省が少子化の10位に入っている点である。四川省は生産年齢人口の比率では23位と

図表 4　年齢別の人口構成（2020 年，%）

順位	15 歳未満		順位	15〜64 歳		順位	65 歳以上	
	全国	17.95		全国	68.55		全国	13.50
1	上海	9.80	1	北京	74.86	1	遼寧	17.42
2	黒龍江	10.32	2	黒龍江	74.07	2	重慶	17.08
3	遼寧	11.12	3	上海	73.92	3	四川	16.93
4	吉林	11.71	4	浙江	73.29	4	上海	16.28
5	北京	11.84	5	内モンゴル	72.90	5	江蘇	16.20
6	浙江	13.45	6	吉林	72.68	6	黒龍江	15.61
7	天津	13.47	7	広東	72.57	7	吉林	15.61
8	内モンゴル	14.04	8	天津	71.77	8	山東	15.13
9	江蘇	15.21	9	遼寧	71.46	9	安徽	15.01
10	四川	16.10	10	山西	70.74	10	湖南	14.81
11	湖北	16.31	11	青海	70.51	11	天津	14.75
12	山西	16.35	12	寧夏	70.00	12	湖北	14.59
13	陝西	17.33	13	チベット	69.80	13	河北	13.92
14	山東	18.78	14	新疆	69.78	14	河南	13.49
15	広東	18.85	15	雲南	69.69	15	陝西	13.32
16	安徽	19.24	16	海南	69.59	16	北京	13.30
17	福建	19.32	17	福建	69.58	17	浙江	13.27
18	甘粛	19.40	18	陝西	69.34	18	内モンゴル	13.05
19	湖南	19.52	19	湖北	69.10	19	山西	12.90
20	雲南	19.57	20	江蘇	68.59	20	甘粛	12.58
21	重慶	19.91	21	甘粛	68.02	21	広西	12.20
22	海南	19.97	22	重慶	67.02	22	江西	11.89
23	河北	20.22	23	四川	66.97	23	貴州	11.56
24	寧夏	20.38	24	江西	66.16	24	福建	11.10
25	青海	20.81	25	山東	66.09	25	雲南	10.75
26	江西	21.96	26	河北	65.85	26	海南	10.43
27	新疆	22.46	27	安徽	65.75	27	寧夏	9.62
28	河南	23.14	28	湖南	65.67	28	青海	8.68
29	広西	23.63	29	貴州	64.48	29	広東	8.58
30	貴州	23.97	30	広西	64.18	30	新疆	7.76
31	チベット	24.53	31	河南	63.38	31	チベット	5.67

（注）順位は生産年齢人口と高齢者は比率が高い順，年少人口は少子化がわかりやすいよう低い順に
　　上から並べた
（出所）国務院第七次全国人口普査領導小組弁公室編（2021：22）

　下位グループに属しており，65 歳以上の高齢化率ではすでに上海を上回って
いる。

　こうした傾向に警鐘を鳴らしたのは安徽省政府であった。安徽省は「人口
大省」の異名を持ち，東西南北を結ぶ交通の要衝でもあり，古くから上海や

江蘇，浙江省など華東沿海部に民工を供給してきた[12]。世間の耳目をひいたの
は，2021年9月末に安徽省司法庁が「安徽省人口与計画生育条例」の修正に
関する草案を公開した際であった。この草案には意見募集の必要性を説明する
部分が設けられており，その中で安徽省の新生児の数が4年連続で急降下して
いることが指摘されていた。

　「経済観察報」によれば，2017年から21年にかけて安徽省全体の出生数は
98万4000人から53万人とほぼ半減する見込みで，まさに切り立った崖のよ
うに少子化が加速している。したがって彼らが生産年齢人口に達しても，これ
まで通りの規模で上海などに大量の労働力を供給するのは難しい。

　それを示唆するのが，人の移動の変化である。安徽省統計局の統計によれ
ば[13]，2012年までは安徽省の人口の純流出（流出人口と流入人口の差）は増
加し続けていた。ところが13年から省外からの流入人口が増加し始めた（図
表5）。統計が発表された19年時点では，まだ流出人口が1060万人で流入人
口の147万人をはるかに上回っているが，対前年度の増加幅は流出が12万
9000人，流出は14万6000人と逆のトレンドを示している。なお，第7次人
口センサスの結果によれば，2020年の人口流入数は155万人と増加し続けて
いる。

　安徽省は中部地区の例外ではない。図表4の年少従属人口の順位でみれば，
安徽省は第16位とほぼ中間に位置している。しかし高齢化率では第9位と北

図表5　安徽省における省外への人口移動（流入と流出者数，万人）

（出所）『経済観察報』（電子版）

京や天津よりも高く，生産年齢人口は逆に第27位と下から5番目に位置するという，四川省に近い年齢構造になっているのである。このように，少子高齢化のリスクはかつて高度経済成長を支えた労働力の送り出し地域で膨らみつつある。

1.5　決め手欠く対応策～人口問題は政治リスクはらむ

　少子高齢化で先行する欧州や日本では，生産年齢人口の減少に直面した際には，おおむね移民の受け入れや女性の勤労奨励，定年退職年齢の引き上げで対応してきた。しかし，中国ほどの人口超大国となると，少子化を穴うめするほどの規模で移民を供給できる国は見当たらない[14]。

　また，中国の場合，女性の就業率はすでに計画経済時代から高かったうえに，経済的に豊かになった近年は専業主婦志向も浮上してきた。定年退職の引き上げについては前述したように，必ずしも労働需要にマッチしていないだけでなく，高齢者を働かせるということに対する抵抗感が社会に根強い。定年後の祖父母が孫の育児をサポートすることで，女性の労働参加率を高めていたことを考えると，定年退職の引き上げは育児の担い手を減らすことになり，少子化をかえって加速させる要素となりうる。中国政府は現在，家庭の育児負担を軽減する子育て支援政策を推進しているが，その効果は未知数である。

　さらに，中国では人口に関わる議論は政治的リスクを伴う期間が長かった。古くは1950年代に産児制限を提唱した経済学者の馬寅初氏[15]が，人口を生産力と考える毛沢東氏の怒りに触れ，職を失って社会の表舞台から姿を消した。最近では人気エコノミストの任澤平氏[16]が少子高齢化対策として，2022年1月8日に自身の微博（ミニブログ）で「中央銀行に2兆元を発行させ，できるだけ早く子育てファンドを設立し，10年で出生数を5000万人増やす」ことを提言し[17]，ネット上で激しい議論を巻き起こした。

　1月12日の夜，微博と微信（ウィーチャット）は任氏のアカウントを凍結した。凍結後の微博には「関連法規に違反したため」とのみ表示されているため，その理由は必ずしも明らかではないが，そのタイミングから子育てファンド発言との関係が疑われる。

2．高齢化時代の社会保障

　ここまで中国の少子化加速について見てきたが，次に高齢化について考察してみよう。一般的に少子化は人口ボーナスの消滅を意味するが，高齢化は扶養と介護という別の次元の問題につながる。いいかえれば，少子化は生産力の確保という労働力の問題であり，だからこそ子育て支援による自然増だけでなく，移民の受け入れや生産工程の自動化／ICT化という文脈でも対策が講じられる。一方，高齢化対策は，最終的には社会による扶養をどう実現するかという，再分配の問題を避けて通れない。

2.1　高齢化と皆保険の同時進行～財政負担の限界

　中国に限らず東アジア諸国では，高齢化に関わる社会保障の主柱は社会保険であった。その中でも年金と医療保険が中心的な役割を果たしてきた。しかし，少子化と高齢化の急速な進行は，この仕組みを根底から揺るがしている。

　中国における65歳以上の高齢化率は，2021年末の時点で14.2％に達している。国際的には，高齢化率が7％を超えると「高齢化社会」，14％超で「高齢社会」，21％より上になると「超高齢社会」という用語を用いる。中国はすでに「高齢社会」に突入しており，日本の1995年頃に相当するといえる。

　一方，中国の公的年金は，受給が60歳から始まるという制度設計になっている。そこで60歳以上の比率を確認すると，2021年末に18.9％に達し，前年末と比べて0.2ポイント上昇していた。前述したように，1962年から約10年間ベビーブームが大躍進の反動で起きたことから，年金受給者は今年（22年）からさらに急速に増大していくことが予想される。

　日本の場合，高齢化のスピードこそ早かったが，ベビーブームの「団塊の世代」は高度経済成長期に貯蓄・資産形成が可能であった。これに対して今の中国の高齢者は「未富先老」と表現されるように，人生の前半に経済成長の恩恵を受けていない人が多く，老後の生活については子どもの支援をあてにせざるをえない。

　しかも中国の年金には，計画経済から市場経済への移行による二重の負担が

かかっている。かつての国有企業で働いていた労働者は「労働保険」に加入していたが，そこでは保険料を納める必要がなかった。社会主義の理念のもとで，労働保険料はすべて使用者である企業が負担することになっており，労働組合のナショナルセンターである全国中華総工会が所轄していた。しかし文化大革命の混乱のさなかに，中華総工会は機能不全に陥ったため，労働保険は企業が個別に管理することになった。改革開放期になると赤字の国有企業は保険料を負担しきれなくなり，改革の受け皿として江沢民政権のもとで社会保険の再編が進められた。

　以上の経緯から，計画経済期に現役だった労働者については社会保険料の積立が著しく不足していたため，改革開放期になって新たに労働市場に参入した世代が移行期の負担を担わざるをえなかった。

　そのうえ胡錦濤政権は「和諧社会」のスローガンを掲げて，国民皆保険に向けて新たな社会保険制度を創設した。それまでの社会保険の加入者は，基本的に都市の企業で勤務する者だけを対象としていた。このため年金は「都市従業員基礎年金」，医療保険は「都市従業員基礎医療保険」という名称で呼ばれていた。胡政権は，この制度の枠外におかれていた都市の自営業者や無業者（学生，主婦，障害者），農民などを対象にする「住民基礎年金」と「住民基礎医療保険」を新たに設けたのである。

　これらの住民保険は法的には任意加入であったため，保険料の負担感が重いと脱退が相次ぐ可能性が高かった。かつて1992年に設立された農村養老保険は，加入者の保険料拠出だけに依存する完全積立制であったため，農民はこれを新たな経済負担として認識し，村の幹部の説得に応じて一時的に加入してもその後に脱退する者が続出した。

　そこで胡政権は，2003年1月に「新型農村合作医療制度」を公表した際，政府が保険料の一部を拠出することを保証し，農民に加入のためのインセンティブを与えた。また，同じ理由で保険料の拠出額も低水準に抑えた。現行の住民基礎医療保険と住民基礎年金は，この新型農村合作医療制度の仕組みを土台に設立されたため，改革の浸透とともに財源に占める政府補助は金額でも割合でも増大していった（図表6）。

　以上の背景から，公的年金と医療保険は制度改革の進行とともに，財政負担

図表6　全国社会保険基金の収入に占める財政補助の推移

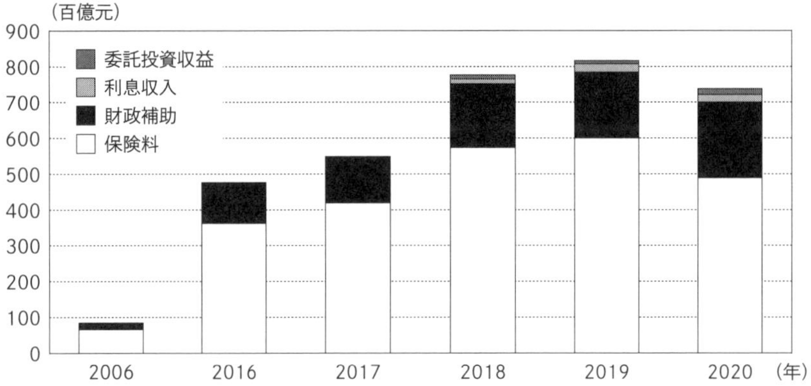

(百億元)

（出所）財政省予算局「全国社会保険基金収入決算表」各年版

となる要素を次々と抱えるようになっていた。すでに2019年4月の時点で，政府系シンクタンクである中国社会科学院世界社会保険研究センターは，全国の都市企業員従業員基礎年金の積立金が「2035年までに枯渇する」という試算を発表し，社会に衝撃を与えた[18]。

2.2　地方格差の是正とコロナ禍での収支悪化

　すでに地方レベルでは，積立金が枯渇する現象が現実に起きている。中国の経済改革は地方ごとに実験を行う試点方式を採用していたため，社会保険も地方ごとに徴収，運用，管理されるようになった。年金は省政府が，その他の社会保険は市政府が所轄しており，地方政府による裁量の余地が大きい。このため，社会保険には地方間の経済力の格差が反映される。経済成長の著しい地方と構造不況業種を抱える地方では，社会保険の安定性に大きな差が生じている。基礎年金を例にとると，広東，浙江，江蘇省などは安定しているのに対して，東北地方では積立金が2010〜13年をピークに減少傾向に転じている。黒竜江省にいたっては16年に積立残高がゼロとなり，中央政府からの財政支援に頼っている。

　基礎年金の地方間格差にたいして，国務院は2018年5月末に「企業従業員基礎年金基金における中央調整制度の設立に関する通知」を公表し，7月1日

から中央政府による基礎年金調整制度を整備することを明らかにした。各省の企業従業員向けの基礎年金から資金を中央調整基金に移転し，これを財源として地方における年金給付の遅配や給付額の不足を解消する狙いである。各省は企業従業員の平均賃金の90％と在職者の数から基数を算出し，これに一定の比率をかけた金額を中央調整基金に拠出することになるため，賃金水準の高い地方から低い地方へと保険料を移転することが可能になった[19]。

　しかし，前出の図表6からわかるように，全国社会保険基金を収入ベースでみると，2019年までは拡大の一途をたどっていたのに対し，20年は基金の規模自体が縮小している。高齢化が進行するなかで，なぜこのような現象が起きたのだろうか。すぐに思いつくのは，2019年末に武漢市から広がった新型コロナの影響である。中国は都市封鎖と企業の操業停止を含む厳しい移動制限，PCR検査の徹底でウイルスの蔓延に対応してきた。その結果，保険金給付の申請が増大する一方，経営不振に陥った企業やリストラされた労働者は保険料の支払いが困難になった可能性がある。財政省が2021年9月に発表した決算では2020年の収支は一転して赤字に転落している（図表7）。

　しかし，図表7を社会保険の種類別に見ると，基礎医療保険だけは2020年に黒字を維持している。新型コロナの影響であれば，とくに医療保険の支払いが増大して収支が悪化していてもおかしくない。そこで19年と20年の各種の

図表7　全国社会保険基金の当年度収支の推移

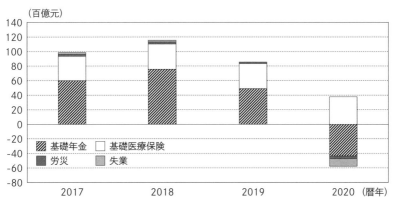

（出所）財政省予算局「全国社会保険結余決算表」各年版

図表 8　基礎年金・医療保険の支出 (2019・20 年)

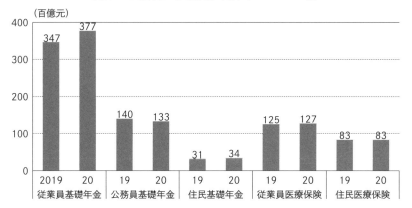

(注) 公務員基礎年金には，公立学校・病院・放送局など公務員準拠の団体職員を含む
(出所) 財政省予算局「全国社会保険基金支出決算表」各年版

　基礎年金と基礎医療保険の支出を確認したところ，医療保険の支出はほぼ前年並みであり，従業員基礎年金は支出が増加してはいたが，それも 9％と小幅にとどまっている (図表 8)。
　一方，基礎年金と基礎医療保険の 2019 年と 20 年の収入を見ると，20 年の従業員基礎年金は 19 年比で 20％減少している。とくに保険料の収入が30.4％も縮小しており，その縮小幅が財政補助 (12.2％増) や投資収益 (192.8％増) の黒字幅を上回ったため，基礎年金全体も赤字へと転落した。
　保険料収入が減少した背景には，前述したようにコロナ不況による企業の人員整理や賃金水準の低迷が多少は影響しているだろう。しかし，武漢を除くと，操業停止の期間は 2 カ月程度と限定的であった。また，住民基礎年金において，保険料収入は逆に僅かながら増大している。自営業者もコロナ禍で打撃を受けている以上，もし不況が赤字の主因ならば住民基礎年金も同じ傾向を示すはずである。

2.3　保険基金の収支悪化は保険料引き下げが要因
　結論として 2020 年の社会保険基金の収支悪化の主な要因は，景気対策として企業の負担を軽減するために社会保険料を 2 月から段階的に引き下げたこと

にある。その結果，もともと高齢化と労働力の流出に悩んでいた東北地方など
の基金はさらなる苦境に立たされた。財政省予算局の「中央社会保険基金決算
状況説明」によれば，黒龍江，遼寧，青海の3省では年内に従業員基礎年金が
底をついたため，中央調整金から再分配を行った。それでも年金給付には不足
が生じたことから，新たに中央財政と従業員基礎年金から資金援助を行った。

　結局，東北への資金援助は総額で981億元に達した。ただし内訳を見ると，
中央財政が181億元，地方財政の年金基金が500億元を負担しており，地方間
の再分配の要素が強い。

　以上のように中国は高齢化が進行する中でも，政府は企業の保険料負担を軽
減し雇用の安定を図ることを優先した。この方針を維持すれば，基礎年金のさ
らなる収支悪化と財政投入は避けられない。医療保険は今のところバランスを
保っているが，年金はその倍以上の規模があることを考えれば，中国は社会保
険を主柱とする現行の構造から転換し，新たな社会セーフティネットを求める
ようになろう。

［注］
1　ただし中国政府の統計データでは，1961年の出生数は1000万人を下回っている。これに基づけ
　ば，2021年の出生数は史上2番目に低い水準といわねばならない。
2　カリフォルニア大学アーバイン校（社会学）の王豊教授。
3　"China's Births Hit Historic Low, a Political Problem for Beijing," *The New York Times*, Jan.
　17, 2022, https://www.nytimes.com/2022/01/17/world/asia/china-births-demographic-crisis.
　html, 2022年1月14日閲覧。
4　中国の出生率は1963年にピークに達した。その後，1人っ子政策が実施されるまで10年あまり
　にわたり毎年2500万人以上の出生数が続いた。彼らのジュニア世代は1980年代から90年代にか
　けて誕生しており，2000年代に結婚・出産適齢期にあった。
5　李［2021］。
6　United Nations［2019］。
7　米ウィスコンシン大学の易富賢研究員の推計による（『日本経済新聞』2022年1月18日記事）。
　易氏は中国の少子化をとりあげた『大国空巣』の著者である。
8　日本をはじめとするOECD諸国における「生産年齢人口」の定義は15歳から64歳までだが，
　中国は定年が60歳のため，公式統計では15歳から59歳を同義として用いることが多い。ただ
　し，15歳以上65歳未満人口を併記する統計が増えている。
9　中国経済網「王萍萍：人口総量保持増長　城鎮化水平穏歩提昇」（2022年1月18日記事），
　http://www.ce.cn/xwzx/gnsz/gdxw/202201/18/t20220118_37264987.shtml
10　1958年から毛沢東氏が推進した大躍進運動は，一時的に人口増加の鈍化を招く結果になった。
　増産計画の破たんに自然災害が重なり，中国は深刻な食糧不足に見舞われ，大量の餓死者が出る
　という悲劇が起きた。とりわけ1960年には死亡率が出生率を上回るという異常事態に至り，同年
　の年平均の自然人口増加率はマイナス4.57‰（パーミル）と49年の革命以来はじめてのマイナス

を記録した。

11　従属人口は14歳までの年少人口と65歳以上の老年人口を指す。

12　上海，江蘇，浙江に流入した他省の住民を出身省別に見ると，いずれも安徽省が首位を占めている。新浪網や騰訊網などへの投稿では，江蘇省に流入した安徽人は258万人（2位の河南人は102万人），浙江省では223万人（2位の江西人は153万人），上海市では260万人（2位の江蘇人は150万人）という数字が頻出するが，元データの出所は不明。

　　新浪網「安徽居然穏居上海和南京外来人口榜首，四川，河南也不甘落後」

　　https://k.sina.com.cn/article_2126886347_7ec5b5cb00100xtgv.html

　　https://www.163.com/dy/article/GFJT872U0517O3M0.html

13　安徽省統計局（2019）「安徽省人口発展現状与挑戦」。ただし元データが安徽省統計局のサイトでは見つからなかったため，本章では安慶養老網への2020年3月10日の転載版を利用した。

　　http://www.0556yl.cn/nd.jsp?id=157

14　例えば総人口が6100万人の安徽省とほぼ同じ規模のイタリア（総人口6050万人）は，2019年の出生数が42万人で，安徽省の53万人に近い。異なるのは，イタリアには600万人以上の移民が居住しており，自然減を社会増で補える点である。

15　馬寅初氏は，戦前に米国留学経験のある経済学者で1951年に北京大学の学長に就任，53年の第一次人口センサスの結果を踏まえて産児制限の必要性を訴えた。57年7月，中国共産党の機関紙『人民日報』に「新人口論」を発表，反右派闘争のなかで党内から批判の的となって失脚した。馬氏の名誉回復は毛氏の死から2年後の78年になって，ようやく実現した。

16　大手不動産会社の恒大グループの首席エコノミストで，中国保険保障基金の専門委員でもある。微博のフォロワー数は，350万人余にのぼっていた。

17　これに関連して「1975年から85年生まれの世代は，まだ出産に間に合う」，「90年代や2000年代に生まれた世代に期待してはならない」という任氏の発言も物議をかもした。任氏自身はこの発言の理由として，1975年から85年生まれの世代には子供は多い方がよいという昔の価値観がまだ残っているが，90年代生まれは1人っ子が当たり前の豊かな中国で育っているため，としている。

18　中国社会科学院世界社会保険研究中心「中国養老金精算報告2019-2050」http://www.cisscass.org/yanjiucginfo.aspx?ids=26&fl=1，閲覧日2019年7月25日。

19　設立当初の拠出比率は3％だったが，段階的に引き上げることが明示されており，2020年には4％になった。

［参考文献］

李蓮花（2021）「中国〜近づく人口減少社会と社会保障」『世界』岩波書店，第947（8月）号，120-129ページ。

安徽省統計局（2021）「安徽省第七次全国人口普査主要数拠状況」5月17日，http://tjj.ah.gov.cn/ssah/qwfbjd/tjgb/sjtjgb/145782311.html，2022年1月3日閲覧。

国家統計局（2022）「2021年国民経済持続快復，発展予期目標較好完成」1月17日（http://www.stats.gov.cn/tjsj/zxfb/202201/t20220117_1826404.html），2022年1月24日閲覧。

国務院第七次全国人口普査領導小組弁公室編（2021）『2020年第七次全国人口普査主要数拠』中国統計出版社，2021年7月。

経済観察網「安徽出生人口下滑併非孤例」（『経済観察報』2021年10月15日記事），http://www.eeo.com.cn/2021/1015/507587.shtml，2022年1月15日閲覧。

United Nations, Department of Economics and Social Affairs, Population Division (2019), World Population Prospects 2019, custom data acquired via website. https://population.un.org/wpp/，2022年1月10日閲覧。

〈BOX：宝くじは福祉事業の頼れる財源？〉

中国の宝くじ（彩票）は福祉・文化・スポーツ事業の重要な財源である。2020年の宝くじの売り上げは年間で3340億元に達しており，そこから配分される公益金は444億6000万元にのぼる。

宝くじを管轄する中国福利彩票発行管理中心のウェブサイトによれば，販売額の51％は賞金に当てられる。13％は販売費用（うち7〜8％が業務費，残りの5〜6％が施設や設備など管理費），36％が公益金となり，国と地方政府が折半する。

国の公益金は60％が全国社会保障基金に納められ，30％は財政省が用途限定の公益金として，奨学事業，障害者扶助，医療扶助，赤十字の事業，災害救援や法律支援，大規模なスポーツイベントなどに振り分ける。また残りの10％のうち，5％は国家体育総局が，5％は民政省が受け取って，福祉事業に用いる。

中国の宝くじの販売額と公益金の推移

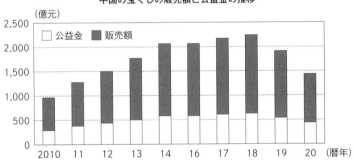

（注）2015年はデータ無し
（出所）中国福利彩票発行管理中心，http://www.cwl.gov.cn/fcgy/gyjcj/

中国では経済成長とともに，宝くじの販売額も順調に伸長してきた。ところが2019年と20年には連続して売り上げも公益金も減少に転じた。財政省のプレスリリースによれば，21年には対前年比で11.2％増と再びプラスになったものの，19年の販売額の水準にまでは回復していない。

実は，日本の宝くじの売り上げも2005年の1兆1000億円をピークに徐々に減少している。総務省自治財務局は宝くじ活性化検討委員会を立ち上げ，インター

ネット販売を本格化させたが，20年まで年間8000億円前後で推移している。

　中国も若者の宝くじ離れなどにより販売が伸びなくなると，いつまでも頼れる財源であり続けるとは限らない。

（澤田ゆかり）

第6章

金融システムの改革と日中金融協力
——重要性が増す日本からの資本流入

帝京大学経済学部教授

露口洋介

◉ポイント

▶中国の銀行部門の経営改革の動きは停滞しており，基本的に政府の意向に従って融資を行っている。このような融資はリスクと収益のバランスについて銀行自らの判断に基づいて行われるものではなく，不良債権化する恐れが高い。政府は銀行部門の経営の安定を確保するため，預金・貸出金利を規制し銀行の利ざやを保証して高い収益を実現させており，不良債権の償却を可能としている。

▶中国は依然として，特に短期の資本移動を厳しく規制しており，世界で幅広く使用されるという意味での人民元の国際化は充分進展していない。銀行の経営改革，金利自由化，資本取引自由化，人民元為替レートの弾力化などの金融システムの改革はゆっくりしたペースにとどまるものと見られる。

▶長期の資本取引はある程度自由化が進んでいる。「双循環」政策により内需主導の成長モデルに移行するのであれば，資本流入の重要性が増す。中国は投資収支が赤字であり，対外資産負債構造を改善する必要がある。一方，日本では中国への証券投資を増やすことによって，金融市場の活性化とともに投資収支の黒字幅拡大が期待でき，今後の日中金融協力のさらなる進展が望まれる。

◉注目データ ☞ 不良債権償却の原資確保のため銀行は収益と利ざやが確保されている

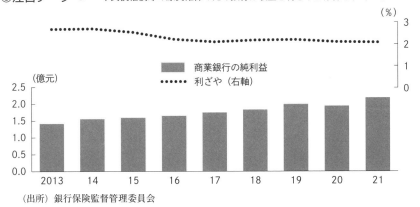

（出所）銀行保険監督管理委員会

1．はじめに

　中国の銀行部門の経営改革や，金利規制，資本取引規制などの自由化，人民
元為替レートの弾力化などの金融システムの改革は，改革開放路線が始まって
以来，着実に進展してきたが，リーマン・ショック以降，そのテンポがスロー
ダウンしているように見える。本章では，中国の金融システムの改革の状況
と，日本と中国の間の金融協力の今後の展望について検討することとしたい。

2．銀行部門の経営改革の推移と現状

2.1　国家専業銀行の経営近代化～国有商業銀行に転換

　中国では，改革開放路線が1978年に始まる前は，中国人民銀行が預金，貸
出，送金などの銀行業務を行う唯一の銀行であった（モノバンクシステム）。
79年から84年1月までの間に中国農業銀行，中国銀行，中国建設銀行，中国
工商銀行が相次いで人民銀行から分離されたり，新たに設立されたりして，4
大国家専業銀行が整備された。

　中国工商銀行は都市の商工業向け貸出業務，中国農業銀行は農村向け貸出業
務，中国銀行は外為業務，中国建設銀行は主に中長期投資貸出業務と，それぞ
れ業務分野が定められていた。この段階では，国家の政策的な貸出も4大国家
専業銀行が行っており，財政の肩代わり的機能も果たしていた。

　一方，1987年には株式制商業銀行として交通銀行が復活し，その後，株式
制商業銀行が相次いで設立された。また，改革開放以降，都市部において組合
組織の都市信用社が形成され，これらを合併整理することによって，95年以
降，各地に都市商業銀行が誕生した。

　農村部では，農業銀行の管轄下に存在した農村信用社の統合により2000年
以降農村商業銀行，農村合作銀行が設立され，2006年以降，村鎮銀行などの
新型農村金融機関が誕生した。

　また，1994年に政策金融を担う政策性銀行として国家開発銀行，中国輸出
入銀行，中国農業発展銀行が設立された。その後，95年に商業銀行法が制定

され，国家専業銀行は国有商業銀行となり，従来の専業銀行間の業務の垣根が完全に撤廃され，相互の参入が可能になった。

国有商業銀行は，政策性銀行が設立された後も 100％の国有銀行であり，中央政府や地方政府の要請による政策的貸出を引き続き実施していた。これらの貸出は必ずしも，収益性や安全性を銀行が主体的に判断して行ってきたわけではなく，その結果，不良債権が累積した。

そこで政府は，工商銀行など国有商業銀行 4 行と最大の株式制銀行である交通銀行に対して外貨準備を利用して公的資金を注入し，不良債権を処理した後，4 行を株式制銀行に転換したうえで，2010 年までに 5 行の株式を上海と香港に上場させ，コーポレートガバナンスの改善を図った。

もっとも工商銀行など 5 行は上場したからと言って，完全に民営化したわけではない。現在はいずれも大型商業銀行として分類されているが，上場後も旧 4 大国有商業銀行は株式の 60％以上，交通銀行も約 4 割は国有のままである。また，2007 年に設立され 18 年以降に大型商業銀行に分類されるようになった郵政貯蓄銀行は 16 年に香港，19 年には上海に上場したが，やはり国有企業である郵政集団有限公司が 67％の株式を保有している。

図表 1　銀行業金融機関数の推移

	2015年	2016年	2017年	2018年	2019年	2020年	2021年
政策性銀行および国家開発銀行	3	3	3	3	3	3	3
大型商業銀行	5	5	5	6	6	6	6
株式制銀行	12	12	12	12	12	12	12
都市商業銀行	133	134	134	134	134	133	128
農村商業銀行	859	1,114	1,262	1,427	1,478	1,539	1,596
農村合作銀行	71	40	33	30	28	27	23
農村信用社	1,373	1,125	965	812	722	641	577
村鎮銀行				1,616	1,630	1,637	1,651
民営銀行	5	8	17	18	19	20	20
その他	1,375	1,506	1,625				
外資法人銀行	40	39	39	39	41	41	41
非銀行金融機関	385	412	437	491	534	542	545
合計	4,261	4,398	4,532	4,588	4,607	4,601	4,602

（注）大型商業銀行には 18 年以降，郵政貯蓄銀行を含む。民営銀行は 14 年末から設立が認可され，18 年以降中徳住宅貯蓄銀行含む。その他は 17 年まで村鎮銀行，郵政貯蓄銀行，中徳住宅貯蓄銀行。
（出所）2017 年までは銀行業監督管理委員会年報，18 年以降は銀行保険監督管理委員会ウェブサイト

2.2　民営化は進まず経営改革は停滞

　政策性銀行についても，同様の商業銀行化の動きが見られた。1994年に設立された政策性銀行のうち，国家開発銀行は国内の政策的開発プロジェクト向け融資，中国輸出入銀行は輸出金融，農業発展銀行は農産品の購入，備蓄などの資金の融資がそれぞれ担当とされた。

　その後，2000年代に入って，外貨準備の増大に伴い，中国企業による対外直接投資が促進され始めると（「走出去」政策），国家開発銀行は中国企業の海外進出のための出資金向け貸付を開始し，国際業務に進出した。また，このころから国家開発銀行の業務について「開発性金融」という表現が使用され始めた。これは商業銀行的な収益重視の方針を主としつつ，国家の発展戦略に従った開発案件に対する中長期の資金供給を行うということを意味する。これに対し，従来の政策性金融は国家の発展戦略上重要な案件については収益を犠牲にしても融資を行うというものである。

　2006年から07年にかけて政策性銀行の商業銀行化という考え方が高まった。政府は07年12月末に国家開発銀行に対して外貨準備を用いて200億ドルの資本注入を行い，08年12月には同行を株式制銀行に改組した。これは，07年1月に開催された全国金融工作会議で決定された政策性銀行改革の中で「国家開発銀行の商業銀行化を先行させる」という方針に基づくものである[1]。

　当時の銀行業監督管理委員会の年報などで見られる統計の銀行の分類を見ると，2008年までは「政策性銀行」となっていた部分が「政策性銀行および国家開発銀行」に変わっている。国家開発銀行が株式制銀行に転換し従来の「政策性銀行」から分離されたため，「政策性銀行および国家開発銀行」という分類になったのだろう（図表1）。

　この時点では，中国輸出入銀行と農業発展銀行も，いずれ国家開発銀行に追随して商業銀行化されることが前提となっていた。しかし，2008年のリーマン・ショックを経て，インフラ投資，公共施設などへの融資を商業銀行が行うことの困難さが認識され[2]，政策性銀行の商業銀行化の見直しが行われた。

　2015年4月に国務院（政府）は政策性銀行3行について，それぞれ改革の方針を公表した[3]。公表された国務院の通知では「国家開発銀行は開発性金融機関の位置づけを堅持する」，「中国輸出入銀行の改革は政策性職能の位置づけ

を強化する」,「中国農業発展銀行の改革は政策性業務を主体とすることを堅持する」と表現している。国家開発銀行は開発性金融，他の2行は政策性金融に主に従事するという方針が明確にされた。

　この国務院の改革方針の公表は，政策性銀行の商業銀行化の方向性の見直しが行われた結果と見ることができる。国家開発銀行については，収益を重視しつつ国家の戦略的開発案件に対する融資を行うという開発性金融に主に従事するが，現状では株式の上場は行われておらず，更なる商業銀行化の進行は停滞している。

　また，輸出入銀行と農業発展銀行については，収益を重視する商業銀行活動と，政策性金融の両者を行うが，政策性金融を主とするということが示され，商業銀行化の進行は見合わされることとなった。

2.3　政府の指示に従い融資〜財務内容は健全，バブル崩壊にも耐えうる

　このような政策性銀行の商業銀行化の見直しと軌を一にして，大型商業銀行の民営化の動きも停滞しており，国有の所有比率が支配的であり続けている。国際通貨基金（IMF）は2017年12月に公表した中国の金融システムに関するレポート[4]において「4大国有商業銀行の株式は過半が国有であり，株式制銀行など他の銀行についても地方政府が重要な役割を占めているため，中国の金融システムでは高いレベルで政府の所有とコントロールが実行されている」と指摘している。また，中国の金融システムにおいて銀行が支配的な地位を占めているとも述べている。

　IMFが指摘するように中国の銀行部門は，現在も基本的に政府のコントロール下にあり，政府の意向に沿って業務を行っている。銀行は政府にとって，政策を実行するに際して，必要な機関となっている。例えば，2020年の新型コロナウイルスの感染拡大に伴って，人民銀行は銀行に対して，低利の再貸出を行ったり，優遇措置を与えて，中小零細企業に対する貸出の元本利息の支払いを猶予する措置を要求した。このような政府の政策方針に従った融資の拡大は，リスクと収益のバランスについて銀行自らの判断に基づくものではないため，不良債権を増加させる恐れがある。

　銀行保険監督管理員会の周亮・副主任も2020年2月，新型コロナ対応のた

めの措置が不良債権を増加させる可能性があることを認めたが，そのうえで，多くの銀行は貸倒引当金カバー率が180%超と高い水準であり，償却を進める能力が充分あることから，中小零細企業支援などによる不良債権の増加を容認する姿勢を示した[5]。

　中国の銀行の不良債権は2003年以降，外貨準備を使った資本注入などによって処理が進み，2008年に農業銀行の不良債権処理が終了して以来，不良債権比率は1%台という低い水準で推移している。20年のコロナ禍以降も不良債権比率は落ち着いた推移を示している（図表2）。

図表2　商業銀行の不良債権比率の推移（年末時点）

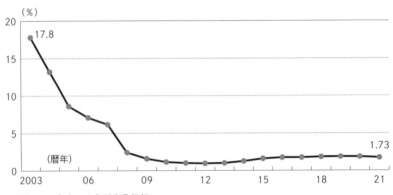

（注）2004年までは主要商業銀行
（出所）銀行業監督管理委員会。2018年以降は銀行保険監督管理委員会

　不良債権比率が落ち着いているのは，不良債権が発生していないのではなく，発生した不良債権の償却が進んでいるためとみられる。不良債権比率に対して，2021年末の商業銀行の自己資本比率は15.13%，レバレッジ比率[6]は7.13%，貸倒引当率は3.40%，貸倒引当金カバー率は196.91%となっている。自己資本比率と貸倒引当金カバー率はそれぞれ政府が要求する10.5%と100%を充分上回っている。中国では恒大集団など不動産大手が経営破たんに直面するなど不良債権の実態が公表数値より深刻という見方もあるが，仮に不良債権比率の実態が2021年末の1.73%の5倍あり，すべて回収不能となったとしても，商業銀行全体で見ると債務超過にはならない。

2.4　銀行部門の安定性は確保される見通し

　2021 年 9 月に人民銀行が公表した「金融安定報告 2021」[7] では，銀行部門に対してストレステストを行っている。異なった程度のストレスシナリオに応じて銀行の経営状況の変化を試算するもので，例えば，国内総生産（GDP）の伸び率については 2021 年 7.28％，22 年 4.78％，23 年 4.08％と，比較的高い成長率を仮定する軽度のストレスシナリオや，21 年 5.12％，22 年 2.80％，23年 2.08％という低めの成長率を仮定する重度のストレスシナリオなどが用意されている。

　大手・中堅 30 行の自己資本比率をみると，重度シナリオでも全体では 2022年末 13.01％，23 年末 13.09％と監督当局が要求する 10.5％を上回る。ただし，各行別に見ると，30 行のうち，軽度シナリオでも 22 年末に 9 行，23 年末に 2行，重度シナリオの場合 22 年末に 16 行，23 年末に 14 行が未達となる。

　このような状況に対して，同報告では，2020 年末の 30 行全体の貸倒引当金カバー率が 213％と非常に高い水準にあることと，銀行の高い収益能力による自己資本拡充によって，多くの銀行が自己資本比率を拡充することで対応可能，と評価している。

　一方，3985 行の中小銀行については，不良貸出比率が現状の 2 倍，3 倍，4倍になった場合，それぞれについて，全体の自己資本比率は 10.53％，8.52％，4.5％となり，未達行はそれぞれ，1390，2011，2590 行に達するとしている。しかし，全体で見ると，不良貸出比率が現在の 3.54％から 7.05％まで上昇しても，引当金カバー率 100％，自己資本比率 10.5％は維持できるとしている。

　また，同報告では，コロナ禍によって中小銀行の収益水準と資産の健全性が影響を受け，自己資本を拡充する必要性が高まっているが，今後，地方政府による資本注入や永久債の発行，株式上場などによる自己資本の拡充が見込まれるとしている。

2.5　金利規制による利ざやの確保

　銀行部門の安定性の前提は，高い収益によって不良債権の処理ができることであるが，中国では金利規制によって銀行の利ざやが確保され，高い収益が可能となっている。

　人民銀行が2015年10月24日に銀行の預金・貸出基準金利を引き下げた際，預金金利の上限が撤廃され，預金，貸出金利ともに上限，下限が無くなった。これで預金・貸出金利は完全自由になったはずであるが，人民銀行はこの時点の水準のまま，現在に至るまで預金・貸出基準金利を維持し，公表し続けている。さらに，銀行の業界団体である市場金利設定自律機構が，人民銀行の指導の下で申し合わせを行い，貸出金利の下限を基準金利の0.9倍，預金金利の上限を国有大銀行については1.4倍，その他の銀行については1.5倍と定めた。この結果，人民銀行の主導による預金・貸出金利規制は15年10月以降も継続された。

　しかし，2018年以降，緩和気味の金融政策が行われるようになっても，この下限が制約となって，銀行の貸出金利が充分低下しなかった。そこで人民銀行は13年10月の導入以降，形骸化していた「貸出基礎金利」（Loan Prime Rate：LPR）1年物について，19年8月に，英文名称は変えずに中国語名称を「貸出市場報告金利」（LPR）と変更し，内容の見直しを行った。

　従来のLPR1年物は貸出基準金利をわずかに下回る水準で固定化されていたが，新しいLPRでは，人民銀行が銀行部門に資金を供給する手段である「中期貸出ファシリティ」（MLF）の金利水準を基準として，各行ごとに資金調達コストなどの事情を加味して人民銀行に対するLPRの報告金利を決定する。人民銀行がこれを集計してLPRを決定することとなり，LPRの水準は人民銀行の貸出基準金利から離れることとなった。同時に，従来の貸出基準金利の0.9倍という下限は撤廃された。

　また，新たにLPR5年以上物が導入された。MLFは毎月15日前後に実施され，その金利水準を反映してLPRは毎月20日に見直される。この結果，人民銀行が原則毎日実施する7日物リバースレポ金利を起点に，MLF1年物，LPR1年物，LPR5年以上物という政策金利体系が整備された。人民銀行はこの政策金利体系をコントロールしている。

　その後，コロナ禍対応によって，これらの政策金利体系は順次引き下げられ，銀行の貸出加重平均金利もそれに伴って順調に低下してきている（図表3）。

　貸出金利が低下して預金金利が低下しないと，利ざやは減少する。そこで人

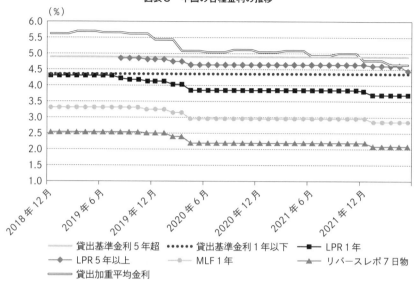

図表3　中国の各種金利の推移

（出所）中国人民銀行の統計から作成

民銀行は，LPR の引き下げと同時に，銀行に対して預金金利の引き下げも促
してきた。2021 年 6 月 21 日には，市場金利設定自律機構を指導して預金金利
の上限の設定方式を，従来の基準金利の倍数で設定する方式から，基準金利に
一定のベーシスポイントを加える方式に変更した。

　従来の方法では国有大銀行については，1 年物預金金利は基準金利の 1.50％
に対して，上限がその 1.4 倍の 2.10％，3 年物預金金利は基準金利の 2.75％に
対して上限が 3.85％となっていた。新しい方式では 1 年物の上限は基準金利に
50 ベーシスポイントを加えた 2.00％，3 年物も同様に 50 ベーシスポイントを
加えた 3.25％となり，長期ほど上限が大きく引き下げられることとなった。実
際の預金金利の動きを見ると 2021 年 9 月の新規預金加重平均金利は 2.21％で
あり，見直し前の同年 5 月に比べて 0.28％ポイント低下した[8]。

　その後，競争の激化によって預金金利が上昇傾向を示したため，人民銀行
は，2022 年 4 月に銀行の預金金利設定方式をさらに見直し，10 年物国債利回
りと 1 年物 LPR を参考に預金金利を合理的に調整することとした。この見直

しによって 2022 年 4 月最終週の新規預金加重平均金利は 2.37％と，前週に比べ 0.10％ポイント低下しており，上昇傾向に転じていた預金金利の引下げが図られた。

　銀行収益は 2020 年にコロナ禍対応によって前年比マイナスとなったが，このような金利規制もあって，21 年にはコロナ禍前の 19 年を上回る水準に回復している。また，利ざやについても，20 年以降，貸出金利の低下によって縮小はしているが，依然として 2％台と充分厚い利ざやを確保している（図表4）。

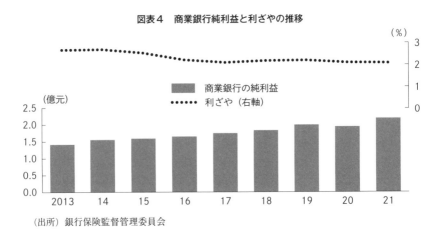

図表4　商業銀行純利益と利ざやの推移

（出所）銀行保険監督管理委員会

2.6　資本取引の大幅な自由化は困難

　中国の銀行部門は，基本的に政府のコントロール下にあり，政府の意向に沿った融資を行うことが要請されているが，その結果生ずる不良債権を処理する原資を確保するため，金利を規制し利ざやを確保して，銀行の経営を保護しているのが現状といえる。

　金融システムリスクの防止については，2016 年 11 月の中央経済工作会議で「金融リスクの抑制にさらに重要な位置づけを与える」とされ，17 年 10 月の第 19 回共産党全国代表大会において「金融システムリスクを生じさせないという最低ラインを守る」とされた。21 年 8 月の中央財経委員会では「金融安定の基礎を打ち固める」と述べられ，21 年 11 月の中央経済工作会議でも「重

大リスクへの対応」の１つとして「金融リスクへの対応システムの完備」が挙
げられている。

　このように銀行部門の安定は，中国政府の最優先課題の１つと位置づけられ
ている。不動産業界の動揺などによって，銀行部門が不安定化するのではない
かという懸念があるが，少なくとも日本のバブル崩壊期の銀行システムと比べ
ると，中国の現在の銀行部門は様々な規制によってはるかに健全な状態が保た
れている。当時の日本と比べると，銀行部門の不安定化の可能性は低いと考え
るべきであろう。

　中国では，金利水準は当局によって名目成長率に比べ低位に抑制されてお
り，さらにイールドカーブが常に右上がりの状態で預金・貸出金利が規制され
ているので，金利のみでは，金融市場はバランスしない。したがって，貸出量
のコントロールが必要であり，人民銀行は銀行の貸出量を規制する窓口指導を
行っている。資本取引を大幅に自由化すると窓口指導の有効性が失われること
になる。今後，銀行の経営改革が大きく進まないのであれば，資本取引の大幅
な自由化は困難と考えられる。

3．人民元為替レートの弾力化と人民元の国際化

3.1　人民元為替レートの弾力化

　人民元の為替レートは 2005 年まで，米ドルに対し１ドル＝ 8.2765 元の水準
で事実上固定されていたが，05 年 7 月 21 日に１ドル＝ 8.1000 元と，元レート
が約 2％切り上げられ，「市場の需給を基礎に，バスケット通貨を参考とする
管理された変動相場制」に移行した。

　この制度では，人民銀行が毎朝，人民元の主要通貨に対する為替レートの
基準値を公表し，対米ドルでの変動幅は基準値の上下 2％以内と定められてい
る。基準値については「前日終値＋バスケットレートの変動」という定め方か
ら，17 年 5 月に「前日終値＋バスケットレートの変動＋逆周期要因」という
方法に改められた。一方向への過度の変動を抑えつつ，現在に至るまでバス
ケット通貨に連動する管理変動相場制を維持している。

3.2 人民元の国際化～対外取引の米ドル比率を引き下げ狙う

　人民銀行と関連部局は，2009年7月1日から国境をまたぐ対外決済（以下，クロスボーダー決済）に人民元を使用することを認めた。それまでは，人民元は海外との間での取引決済や海外で受け渡しを伴う取引に利用することが基本的に不可能な通貨だった[9]。クロスボーダー人民元決済が開始された時の人民銀行の公表文では，世界金融危機の影響を受け，第三国通貨で対外取引を行う場合，大きな為替リスクに直面したということを理由に挙げている。この第三国通貨は明らかに米ドルを示しており，中国の対外取引の米ドル比率を引き下げることが人民元国際化の最も大きな目的と考えられる。

　人民元のクロスボーダー決済が認められた当初，対象取引は貨物貿易に限られ，対象地域は中国国内では上海市と広東省の4都市（深圳，広州，東莞，珠海市）の合計5都市のみ，海外は香港，マカオ，東南アジア諸国連合（ASEAN）に限られた。その後，人民元のクロスボーダー決済にかかる規制は順次緩和，整備され，人民元国際化のプロセスが進展した。

　2010年6月には対象取引が経常取引全体に拡大され，海外の対象地域制限は撤廃された。

　資本取引では2011年12月に香港に人民元建て海外適格機関投資家制度（RQFII）が導入され，適格と認められた機関投資家が，海外から人民元建てで送金して，中国国内の証券に投資することが認められた。14年11月には上海証券取引所と香港証券取引所を連結することで，一方の取引所で取引される証券に対して他方の取引所に参加する証券会社を通じて相互に投資することが可能となる「上海・香港ストックコネクト」が開始された。送金通貨は人民元が使用される。17年7月には，海外の機関投資家が香港経由で中国本土の銀行間債券市場で売買を行うことができる「ボンドコネクト（北向き）」が始まった。

3.3 国際化はなお道半ば

　以上のような規制緩和もあって，2020年の中国の対外取引全体の受払通貨に占める人民元の比率は46.2％，2021年1～6月は48.2％と，09年以前には事実上ゼロだった状態から大きく増加している[10]。中国の対外取引の受払を米ド

ルに過度に依存していた状況から脱却する，という意味での人民元国際化は着実に進展している。

　2021 年 9 月 10 日には，香港，マカオと広東省の間のいわゆる「粤港澳大湾区（グレーターベイエリア）」において「クロスボーダー・ウエルスマネジメントコネクト」が開始された。広東省の投資家は香港やマカオの銀行が販売する投資商品に投資することができ（南向き），香港やマカオの投資家は広東省の銀行が販売する投資商品に投資することができる（北向き）。同年 9 月 24 日には，前述したボンドコネクトの南向きが開始された。中国本土から香港の債券への投資が，ボンドコネクトで実施されている香港の債券決済機関（CMU）と中国本土の決済機関のリンクを通じて，より便利で迅速に行われることになった。

　中国の対外取引の受払の人民元建て比率を上昇させるという意味での人民元国際化は，今後も着実に進展するとみられるが，一方，全世界の為替売買取引に占める人民元の比率を国際決済銀行（BIS）による直近の 2019 年 4 月の統計で見ると，売買双方の通貨を計上して合計 200％の中で 4.3％にすぎず，第 3 位の円の 16.8％，第 4 位の英ポンドの 12.8％に比して小さく，第 8 位にとどまっている[11]。

　人民元は 2016 年 10 月から IMF の特別引き出し権（SDR）の構成通貨となった。SDR におけるウエイトは米ドル 43.38％，ユーロ 29.31％，人民元 12.28％，円 7.59％，英ポンド 7.44％で，人民元は第 3 位である[12]。しかし，世界各国の公的外貨準備に占める比率をみると，21 年末で米ドル 54.8％，ユーロ 19.2％，円 5.2％，英ポンド 4.5％に対し，人民元は 2.6％と第 5 位にとどまっている[13]。こうした状況は GDP が世界第 2 位で，世界最大の輸出入額を有する中国の数字としてはかなり低く，国際的に広範に使用される通貨という意味での人民元の国際化は充分に進展しているとは言えない。これは資本取引，特に短期の資本取引について厳格に規制されていることが原因と考えられる[14]。

3.4　なお残る政府による規制
　中国の銀行は政府の意向に沿った融資を行っており，常に不良債権が増加す

る恐れがあるので，高い銀行収益が必要となる。そこで，利ざやを確保し，さらに企業のコストを抑制する観点からも，預金・貸出金利は低位で規制されており，貸出量をコントロールする窓口指導が行われている。窓口指導の有効性を維持するためには資本取引，特に短期の資本取引を大幅に自由化することはできない。資本取引が自由であれば，金融政策の海外からの独立性を確保するために為替レート制度を変動相場制にすべきであるが，資本取引が依然として規制されている状況では，変動相場制に移行する必要性は存在しない。

　金融システムの安定という政府の最優先課題に照らしても，為替レートの急激な変動は好ましくない。銀行の経営改革，金利の自由化，資本取引の自由化，為替レートの弾力化などの面で，今後もいくつかの進展は見られようが，政府によるコントロールや規制が残る状況が当面，継続するものと考えられる。

4．日中金融協力の展望

4.1 「双循環」と経常収支の動向

　2020年5月の共産党中央政治局常務委員会において「供給側構造改革を深化し，我が国の超大規模市場の有利性と内需の潜在力を充分発揮し，国内と国際の双循環が相互に促進しあう新発展局面を構築する」という方針が示された。20年10月の共産党第19回中央委員会5中全会においては「国内大循環を主体として，国内・国際双循環が相互に促進する新たな発展局面の構築を加速する」とされた。

　「双循環」とは外需を取り込みつつも，海外経済の不確実性が高まる中，成長の主軸を消費を中心とした内需に移そうとするものである。従来の外需主導の成長モデルから脱却すると，貿易収支の黒字は縮小する可能性がある。すでに中国の経常収支黒字の対GDP比率は縮小傾向にあるが（図表5），これは少子高齢化や企業収益の伸び率低下，財政赤字の拡大などの構造的要因によるものであり，今後もこの傾向は継続するものと見られる。

　中国の経常収支を見ると現状では貿易・サービス収支は黒字を維持しているが，投資収支を中心とする第1次所得収支が常に赤字となっている（図表6）。

図表5　中国の経常収支黒字の対 GDP 比率の推移

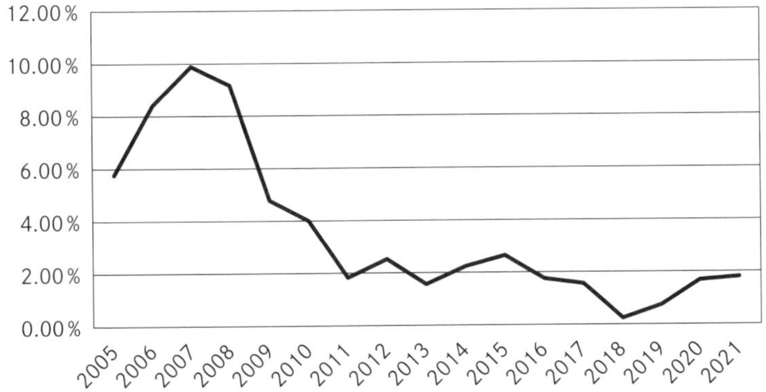

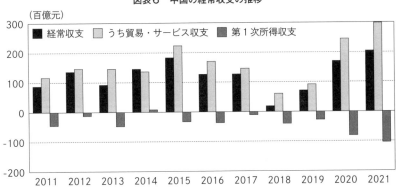

（注）20 年まではドル建て，21 年は人民元建てで比率を計算
（出所）国家外貨管理局，国家統計局

このため，貿易サービス収支の黒字が縮小すると中国の経常収支は赤字になり
やすい構造となっている。

　日本の場合，貿易・サービス収支は東日本大震災後の原油輸入量の増加など
によって 2011 年から 2015 年まで赤字を計上したが，投資収支を中心に第 1 次
所得収支が大幅な黒字となっているため，経常収支は一貫して黒字を維持して
いる（図表 7）。

　中国の対外資産負債残高統計を見ると，2021 年末で 1 兆 9833 億ドルの純債

図表6　中国の経常収支の推移

（出所）国家外貨管理局

図表7 日本の経常収支の推移

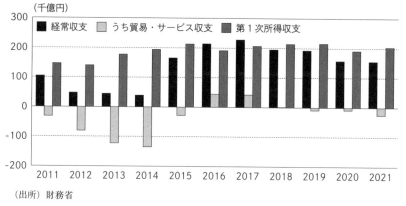

（出所）財務省

権保有国であり，これは日本，ドイツに次いで世界第3位の規模である。しかし，総資産9兆3243億ドルのうち，公的外貨準備が3兆4269億ドルで最大のシェア（36.8％）を占めている。外貨準備は主にアメリカの国債など利回りが低い債券に運用されている。一方，総負債7兆3410億ドルのうち直接投資が3兆6238億ドルで最大のシェア（49.4％）となっている。直接投資に対しては，配当，利益送金の形で比較的高い支払い負担が生じる。このような資産負債の構造によって，資産総額が負債総額を上回っているにもかかわらず，投資収支は赤字となっている。

日本は2021年末の対外純債権額が411兆円，米ドル換算すると3兆ドル超で，世界最大の純債権国である。総資産1249兆円のうち，外貨準備は161兆円（シェア12.9％），総負債838兆円のうちに直接投資は40兆円（シェア4.8％）と双方とも低い比率にとどまっており，投資収支は大幅な黒字を計上している。

4.2 対外資産負債構造改善の努力

中国政府も，このような対外資産負債構造を改善するために，様々な施策を行ってきている。対外資産サイドでは，直接投資など高収益投資を増やす努力が行われている。2000年3月の全国人民代表大会（全人代）では対外直接投資を拡大するという，いわゆる「走出去」政策が開始された。また，07年9

月には外貨準備から一定の金額を拠出し，2000 億ドル（約 22 兆円）の資本金で中国投資有限責任公司（CIC）を設立して，低収益の外貨準備を高収益投資に振り替えることが行われた。「走出去」政策は現在も継続されており，CIC の総資産は 20 年末で 1.2 兆ドルに達している。

　対外負債サイドでは，前述の通り，2014 年 11 月に上海・香港ストックコネクトが開始され，17 年 7 月にはボンドコネクト（北向き）が開始された。15 年 7 月には海外の中央銀行，国際機関，ソブリンウエルスファンドが銀行間債券市場での投資を行うことが可能となり，16 年 2 月に海外の銀行，証券会社保険会社にも対象が拡大された。20 年 5 月には前述の RQFII と外貨で送金する QFII（海外適格機関投資家制度）の投資限度枠が撤廃された。

4.3　さらなる進展が望まれる日中金融協力

　日本と中国は 2011 年 12 月，政府間において「日中両国の金融市場の発展に向けた相互協力の強化」[15] を合意した。その内容として，①両国間のクロスボーダー取引における円・人民元の利用促進②銀行間市場における円・人民元間の直接交換市場の発展支援――が含まれており，2012 年 6 月には東京と上海において，銀行間市場における円・人民元直接交換が開始された。

　2018 年 5 月にはさらに，日本に対する 2000 億元（約 3 兆 4000 億円）の RQFII 枠の付与，人民元クリアリング銀行の日本での設置，円・人民元スワップ協定の再締結などが決定された[16]。RQFII については，この措置によって，日本の機関投資家に投資枠が設定された。中国に認定された人民元クリアリング銀行は中国本土からの人民元の調達が容易となり，日本での人民元口座が集中しやすく，人民元決済をより効率的，安全に実施できる。

　円・人民元スワップ協定は，人民元サイドから見ると，日本において人民元が不足し，人民元決済が滞る恐れが生じた場合に，日本銀行が円を人民銀行に提供し，替わりに人民元を受け取って，自国銀行に貸付けるなどして人民元を供給することを可能とするものである。

　2019 年 6 月には，東京証券取引所と上海証券取引所との間で ETF（上場投資信託）の相互上場が開始された[17]。東京証券取引所では上海証券取引所に上場されている株価指数 ETF で運用する新たな ETF を組成し上場する。逆に

上海証券取引所では東京証券取引所に上場されている株価指数 ETF で運用する ETF を新たに組成し上場することとなった。

これらの日中金融協力は，日本にとっては，日本の金融市場の活性化に役立つものであり，中国にとっては，人民元の国際化に加えて，日本からの資本流入を促進する効果を持つ。

中国は，短期の資本取引については厳格な規制を維持しつつも，長期の資本取引は順次緩和し，対外資本負債構造の改善を図っている。特に債券，株式など証券投資による資本流入の比率引上げを図っている。今後，「双循環」政策によって，内需主導の経済成長モデルへの転換が進むのであれば，資本流入の重要性はさらに増大する。その際，世界最大の純債権国である日本の存在は無視できない。

一方，日本では投資収支を中心とした第 1 次所得収支の黒字が続いているが，この黒字幅を拡大することができれば，国民所得の増加につながる。例えば，中国国債 10 年物の利回りは 3％弱の水準となっている。国内金融市場の活性化の観点からも，相対的に高収益が期待できる人民元建て証券への投資を活発化させることは意味がある。

そのための手段として，今後，日本の金融市場で人民元建てを始めとする外貨建て証券の発行・流通が可能となるような外貨建て資金・証券決済システムを整備することが重要である。このような決済インフラの整備によって，日本において人民元を始めとする外貨建て証券の発行・流通ビジネスがより活性化することが期待できる。さらに将来的には，東京・上海ストックコネクト，日中ボンドコネクトの実現も展望できることとなる。

今後，日中双方の利益となる形で日中金融協力をさらに進めていくことが望まれる。

[注]
1　「全国金融工作会議在京閉幕　三大亮点引人注目」人民網　2007 年 1 月 20 日。
2　周小川（2015）参照。
3　「国務院関於同意国家開発銀行深化改革方案的批復」国函〔2015〕55 号など。
4　IMF（2017）。
5　中国人民銀行"支持疫情防控相関政策，緩解小微企業融資難融資貴発布会実録"，2020 年 2 月 7 日。

6　自己資本比率がリスクウエイトでウエイト付けされた与信額を分母に，tier1 と tier2 自己資本の合計を分子に計算されるのに対して，レバレッジ比率は総与信額を分母に，tier1 自己資本を分子に計算される。

7　中国人民銀行（2021a）。

8　中国人民銀行（2021c）。

9　人民元国際化の推移と現状の詳細については露口（2017），露口（2019），露口（2021）を参照。

10　中国人民銀行（2021b）。

11　BIS（2019）。

12　IMF "Special Drawing Right," July 29, 2022.

13　IMF "Currency Composition of Official Foreign Exchange Reserve".

14　例えば，日本では，1984 年 4 月に為替フォワード取引にかかる実需原則が廃止され，同年 6 月には銀行の為替ポジション規制である円転規制が撤廃された。これによって，短期資本取引は事実上自由になった。中国では銀行の為替ポジション規制や為替フォワード取引の実需原則が未だに存在する。

15　財務省「日中両国の金融市場の発展に向けた相互協力の強化」，2011 年 12 月 25 日。

16　外務省「李克強・中国国務院総理の訪日─日中首脳会談及び晩餐会」，2018 年 5 月 9 日。

17　日本取引所グループ「日中 ETF コネクティビティ記念セレモニーの開催について」，2019 年 6 月 25 日。

［参考文献］

BIS（2019）"Triennial Central Bank Survey of Foreign Exchange and Over-the-counter（OTC）Derivatives Markets in 2019" December 2019.

IMF（2017）"People's Republic of China: Financial System Stability Assessment" December 2017.

周小川（2015）「周小川談政策性銀行改革：資本約束是核心」，第一財経日報，2015 年 8 月 20 日。

中国人民銀行（2021a）『中国金融穏定報告 2021』，2021 年 9 月。

中国人民銀行（2021b）『2020 年人民币国際化報告』，2021 年 9 月。

中国人民銀行（2021c）『中国貨币政策執行報告 2021 年第 3 季度』，2021 年 11 月。

露口洋介（2017）「人民元の国際化」『中国対外経済戦略のリアリティー』梶田幸雄，江原則由，露口洋介，江利紅著，麗澤大学出版会，2017 年 3 月 1 日。

露口洋介（2019）「中国人民元の国際化と東京市場の活性化」『経済学論纂』第 59 巻第 3・4 合併号，中央大学経済学研究会，2019 年 1 月 15 日。

露口洋介（2021）「人民元の国際化とデジタル人民元」，服部健治，湯浅健司，日本経済研究センター編『復興する中国─ポスト・コロナのチャイナビジネス』，2021 年 7 月。

第**7**章 ━━━━━━━━━━━━━━━━━━━━━━━━━━━

中国は環境問題で世界をリードするか
──深まる自信，長期目標には課題も

早稲田大学現代中国研究所招聘研究員

染野憲治

◉ポイント

▶中国では 2013 年の微小粒子状物質（PM2.5）による大気汚染の深刻化，生態文明建設の国家目標設定を契機に，法制度整備や執行強化など環境問題に対する取り組みが急速に進展し，今や国是となった。これにより，環境状況も改善しているが，日本の水準と比較するといまだ差があり，新しい課題も山積している。

▶2020 年には「30 年までの二酸化炭素（CO_2）排出量のピークアウト」と「60 年までのカーボンニュートラル」を目標として掲げ，脱炭素社会の構築を進めている。環境分野では米国，欧州，途上国との交流やグリーンな「一帯一路」構想の建設も進めており，自信を持って自国の主張を発信する姿が見られる。

▶現状の取り組みにより，2035 年においてグリーンな生産とライフスタイルが形成され，CO_2 排出量がピークに達した後，着実に減少し，生態環境が根本的に改善され，美しい中国を構築するという目標は概ね実現されるであろう。しかし，より長期的な目標達成には多くの課題を残している。

◉注目データ ☞ 環境保全を国是とする中国は「3060 目標」を掲げる

	2020年実績	2025 年	2030 年	2060 年
CO_2 排出量	約 100 億 t		ピークアウト	カーボンニュートラル
石炭消費量	約 40 億 t	ピークアウト		
単位 GDP 当たりのエネルギー消費量（%）	2015 年比 -13.1＊1	20 年比 -13.5		

（注）＊1：2019 年の値
（出所）図表 6 抜粋

1．環境問題で世界をリードするとは

「中国は環境問題で世界をリードするのか」という問いについて考えるにあたり，そもそも「環境問題で世界をリードする」とはどのような状況を指すのか考えておきたい。

これは決まった定義があるものではないが，例えば
(1) 国内の環境問題への対応が進み，環境の状況が改善されている
(2) 気候変動など地球環境問題に率先して取り組んでいる
(3) 国連等の多国間での国際環境協力や途上国への環境分野での支援を行う
(4) 環境対策の経験や理念が国際的標準や途上国の環境対策モデルとなる
(5) 環境関連ビジネスにおける売上，市場シェアが拡大している
——といったことが尺度となると思われる。

本章では，このような尺度を念頭に環境問題に関する中国の国内における取り組みと国際交流の現況について紹介し，将来の可能性について私見を述べたい。

2．国内における取り組み

2.1 「公害問題のデパート」か「環境対策のセレクトショップ」か

大気汚染により霞んだ景色，淀んだ河川や湖沼の水質，世界最大の温室効果ガスの排出量など「公害問題のデパート」と呼ばれる中国。他方，国内外の環境関連企業が市場参入を試み，大規模な太陽光や風力発電施設の建設，新エネルギー車の普及，DX を活用した社会管理など「環境対策のセレクトショップ」の顔も見せる中国。「群盲象を評す」の如く，中国のどこを見るかで公害大国なのか，環境大国なのか180度評価が変わる。

以前より中国の環境問題の深刻さは広く知られていたが，改めて国際的にもその認識が共有されたのは2013年1月に発生した微小粒子状物質（PM2.5）事件であった。

京津冀エリア（北京，天津，河北省）を中心に日本の面積の3.5倍，140万

平方キロメートルの地域で激甚な大気汚染が長期間続き，視界不良による交
通事故の発生，主要高速道路や空港の閉鎖，呼吸器系疾患や循環器系血管疾
病の患者の増加といった影響が生じた。政府は 2013 年 9 月に大気汚染に関す
る政策大綱として「大気十条」（「大気汚染防行動計画についての通知」〔国発
（2013）37 号〕）をまとめ，さらに環境保護法や大気汚染防止法の改正と矢継
ぎ早に対策を打ち出し，同年は中国の環境問題のターニングポイントの年と
なった。

　もう 1 つ，同時期の重要な変化として 2012 年 11 月の第 18 回共産党大会で
国家建設の目標として従来の経済，政治，文化，社会の「四位一体」に「生態
文明建設」を加え「五位一体」へ発展させたことが挙げられる。13 年 3 月に
習近平副主席が国家主席に就任し，生態文明建設が重要視され，スローガンと
して各所で習氏が提唱する「緑水青山就是金山銀山」（澄んだ川と青い山こそ
金山であり銀山である）という「両山理念」を目にするようになり，その流れ
は今も続く。21 年 11 月に共産党第 19 期中央委員会第 6 回全体会議（19 期 6

図表 1　第 12〜13 次 5 カ年期間（2011〜20 年）の主な環境政策：法制度

環境保護法改正	2011 年 1 月より全人代にて審議開始，14 年 4 月に成立，15 年 1 月 1 日より施行。6 章 47 条から 7 章 70 条に
大気十条 水十条 土十条	13 年 9 月に大気汚染防止行動計画（大気十条），18 年 6 月に藍天保衛戦三年行動計画を公表 15 年 4 月に水質汚染防止行動計画（水十条）を公表 16 年 5 月に土壌汚染防止行動計画（土十条）を公表
法規制強化	15 年 8 月に改正大気汚染防止法が成立，16 年 1 月施行 16 年 12 月に環境保護税法が成立，18 年 1 月施行。排汚費から環境保護税へ移行 17 年 6 月に改正水質汚染防止法が成立，18 年 6 月施行 18 年 8 月に土壌汚染防止法（新規）が成立，19 年 1 月施行 20 年 4 月に改正固体廃棄物汚染防止法が成立，20 年 9 月施行 20 年 12 月に長江保護法が成立，21 年 3 月施行
排出汚染許可証制度	16 年 11 月に汚染物排出抑制許可制実施方案 16 年 12 月に排汚許可証管理暫行規定 17 年 7 月に排汚許可管理弁法（征求意見稿）公表 17 年 8 月に固定汚染源排汚許可分類管理名録（2017 年版） 17 年 9 月に火力発電，製紙，鉄鋼，セメント等 15 業種の排汚許可証申請等の技術規範公表 18 年 1 月に排汚許可管理弁法（試行）

図表2 第12～13次5カ年期間の主な環境政策：理念と執行

理念	2012年11月の中国共産党第18回全国大会（18大）で「五位一体」（経済建設，政治建設，文化建設，社会建設，生態文明建設）を提唱 15年4月に「中共中央国務院による生態文明建設の加速推進に関する意見」を公表 15年9月に中央政治局にて「生態文明体制改革総体方案」が審議通過 16年3月に策定した第13次5カ年計画で，5つの理念の1つに「緑色」 18年5月に「第8回全国生態環境保護大会」を開催，習主席が重要演説
執行	16～17年に第1巡中央生態保護督察を実施，企業のみならず地方政府も監査，住民告発を活用。告発受理件数は13万2000件，問責を受けた幹部は1万6000人。 公安の権限強化や環境法廷など公安・司法と連携した法執行となる。行政処罰案件は23万3000件，罰金金額は115億8000万元と，環境保護法施行前より245％増に 18年3月に環境保護部が生態環境部へ拡充改組（気候変動，海洋，農村環境対策等を所掌へ） 18年3月に生態環境部が七大専項行動を公表（清廃行動2018，輸入廃棄物，ごみ発電排出基準達成，緑盾2018，重点区域大気汚染，都市黒臭水，城鎮及び園区汚水処理） 18年6月に「中共中央国務院による生態環境保護の全面強化，汚染防止攻堅戦への断固勝利に関する意見」を公表，三大保衛戦（藍天，碧水，浄土），七大シンボル重大戦役（藍天保衛戦，ディーゼルトラック汚染対策，水源地保護攻堅，黒臭水対策，長江保護修復，渤海総合対策，農業農村汚染対策攻堅戦）を展開

（出所）各種資料から作成

中全会）で採択された「歴史決議」でも，生態文明建設や両山理念が記載されている。

中国は「上に政策あれば，下に対策あり」と執行面の弱さが指摘された。これも中央生態保護督察（環境査察），公安の権限強化や環境法廷の設置など「下の対策」に対する「対策」が強化されている。現在の中国で環境保全は国是となっている（図表1，2）。

2.2 北京の空気は綺麗になったのか

中国において環境保全が国是となり，対策が進んでいることは確かだが，ではアウトカムとして環境の状況は改善されているのだろうか。環境の状況を示す指標を見ると大気，水質等は経年的に改善傾向が見られる。しかし，絶対的な環境の質として，例えば中国と日本を比較すると，大気環境，水質環境，廃棄物排出量において，未だ差があることもわかる。

北京市におけるPM2.5の年平均濃度は2013年の89μg/m^{3}から21年には33μg/m^{3}へと低下した（図表3）。これで初めて中国のPM2.5の年平均濃度の環

図表3　北京市と日本のPM2.5及びO3の濃度

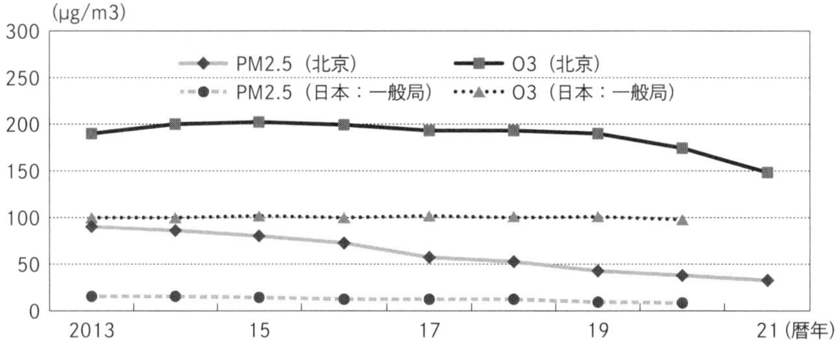

(注) 日本のO3濃度はOxの濃度（ppm）をμg/m³へ換算（摂氏0度，1気圧の状態），なお中国
　　はパーセンタイル値が90，日本は98であることに留意（日本の値の方が高めになる）
(出所)「中国統計年鑑」，環境省「平成30年度 大気汚染物質に係る常時監視測定結果」

境基準（35μg/m³）を達成したことになる。ただし，20年の日本全国（一般局）の平均は9.5μg/m³で北京の三分の一以下であり，中国より厳しい日本のPM2.5の年平均濃度の環境基準（15μg/m³）に照らせば，北京の空気は手放しで綺麗とは言いがたい。

　中国の大気環境を日本と比較すると，汚染物質である二酸化硫黄（SO₂），二酸化窒素（NO₂），一酸化炭素（CO）の濃度では比較的小幅な差だが，PM2.5，PM10，オゾン（O₃）の濃度は日本よりかなり高い。現在も中国では気象条件によって冬季にPM2.5の濃度が300μg/m³以上の状況が数日間，続くこともある。またPM2.5濃度の低下とトレードオフの形でO₃の濃度が上昇，あるいは高止まりする傾向も見られる。今後はPM2.5とO₃の両者の原因物質となる窒素酸化物（NOx）や，塗料や石油製品などに含まれる揮発性有機化合物（VOCs）対策をさらに強化し，PM2.5とO₃を協調的に削減していくことが課題となる。

　大気環境以外の分野にも触れると，水質環境では河川や海域における環境基準の達成率について中国と日本ではまだ差がある。廃棄物排出量では中国の一般廃棄物と産業廃棄物とも日本を大きく上回っている。人口，経済規模から中国が日本を上回るのは当然ではあるが，単位GDP（国内総生産）当たりの産業廃棄物発生量や1人当たりの一般廃棄物発生量を見ても日本に比べて相対

的に高く，特に単位 GDP 当たりの産業廃棄物発生量は日本の 4 倍に達してお
り，資源効率性という点でも課題を抱えている。

　大気汚染はフローの問題（汚染物質が長期的に滞留しない）であり，日本の
経験に照らしても，1 つずつ対策を積み重ねれば必ず改善をする。他方，水質
汚染（特に地下水汚染など）や土壌汚染は厄介である。これらはストックの問
題（汚染物質が長期的に滞留する）であり，汚染物質の排出量がピークアウト
しても環境が回復するとは限らない。この他にも未規制の化学物質問題や後述
する気候変動問題，地方都市や農村部での環境改善も同時に求められており，
中国における環境問題の解決には未だ時間を要するであろう。

2.3　中国は脱炭素社会を構築できるか

　2020 年 9 月 22 日，習近平国家主席は国連総会の一般演説で 20 年以降の
温室効果ガスの削減目標に対して「国が決定する貢献」（NDC：Nationally
Determined Contributions）を高め，30 年より前に CO_2 排出量をピークアウ
トさせ，60 年より前にカーボンニュートラルを実現させるとの目標（「3060 目
標」）を発表した。この演説後も，習氏は 20 年 12 月の国連等主催の気候野心
サミット，21 年 4 月の米国主催の気候サミット，9 月の国連総会，10 月の生
物多様性に関する COP15，そして 11 月の COP26 など，21 年末までに少なく
とも 7 回，国際的な場で気候変動について言及をした（COP26 のみ書面）。

　特に気候野心サミットでは，「3060 目標」を補足する形で 2030 年までに単
位 GDP 当たりの CO_2 排出量を 05 年比で 65％以上削減，一次エネルギー消費
に占める非化石エネルギーを約 25％に，森林蓄積量を 05 年比で 60 億立方メー
トル増加，風力発電と太陽光発電の総設備容量を 12 億キロワット以上とする
ことを表明した。

　さらに気候サミットでは石炭火力発電プロジェクトを厳しく管理し，第 14
次 5 カ年計画（2021〜25 年）の期間中は石炭消費の伸びを厳しく管理し，第
15 次 5 カ年計画（26〜30 年）の期間は徐々に減少させること，モントリオー
ル議定書のキガリ改正を行い非 CO_2 温室効果ガスの管理を強化することなど
を表明した。

　これらの国際的発信に呼応して，中国国内では共産党の指導の下，全国人民

代表大会（全人代）や国務院（政府）等が重要会議や通達により目標達成のための国内政策を推進している。2021年3月12日，全人代は「国民経済・社会発展第14次5カ年計画と2035年までの長期目標要綱」を承認した。「3060目標」のうち2030年前のCO_2排出量のピークアウトは第14次と第15次の2つの5カ年計画に跨がる。このため25年までの目標として，単位GDP当たりのCO_2排出量を同年に18%削減する（20年比）ことを掲げた。同様に一次エネルギー消費に占める非化石エネルギーも30年の約25%に向けて，25年に約20%とする目標も設定した。具体的政策としてはピークアウト行動計画の策定，炭素排出権取引市場の建設促進等に加え，メタンやフロンガス等の非CO_2温室効果ガス排出抑制の強化，気候変動適応能力の向上，気候変動に関する南南協力の積極的展開，「一帯一路」構想に関連したグリーンシルクロードの建設推進等を挙げている。

　このうち，全国排出権取引市場の創設については，2020年12月31日に生態環境省が「炭素排出権取引管理弁法（試行）」を公布し，21年2月1日に施行された。同弁法に基づき同年5月に「炭素排出権登記管理規則（試行）」，「炭素排出権取引管理規則（試行）」，「炭素排出権決算管理規則（試行）」が公布，施行され，同年7月に電力事業を対象とした全国規模の排出権取引が開始された。現在，排出権取引は生態環境省の弁法（日本における省令に該当）に基づき実施されているが，2021年3月には国務院が「炭素排出権取引管理暫定条例」をパブリックコメントしており，規定の格上げや対象業種の追加が進む見込みである。

　2021年10月24日に「新発展理念の完全かつ正確な全面的貫徹によるCO_2排出量ピークアウト，カーボンニュートラル実現に関する共産党，国務院意見」（「意見」，図表4），26日には「2030年前のCO_2排出量ピークアウト行動方案に関する国務院通知」（「方案」，図表5）が公表された[1]。

　全13章の「意見」は2060年までを，全6章の「方案」は30年までを射程とし，両者とも1章は全体的要求，2章は主な目標で，その後に具体的な取り組みが記されている。取り組みは工業，交通，建設，都市及び農村というセクター別対策とエネルギー，科学技術，経済メカニズムなど横断的対策に大別される。

図表4 「意見」の概要

1. 全体的要求	(1) 方針 (2) 業務原則
2. 主な目標	
3. 経済・社会発展のための全面的なグリーン化の推進	(3) グリーン・低炭素発展計画のけん引強化 (4) グリーン・低炭素発展地域の配置最適化 (5) グリーン生産・生活様式の形成加速
4. 産業構造の綿密な調整	(6) 産業構造の最適化と高度化の推進 (7) エネルギー多消費・多排出プロジェクトのやみくもな開発の断固抑止 (8) グリーン・低炭素産業を大いなる発展
5. クリーンで低炭素，安全で効率的なエネルギー体系の構築加速	(9) エネルギー消費の強度と総量の双控（2つの抑制）強化 (10) エネルギー利用効率の大幅向上 (11) 化石エネルギー消費の厳格制御 (12) 非化石エネルギー源の積極的開発 (13) エネルギー体制メカニズムの改革深化
6. 低炭素交通輸送体系の構築加速	(14) 交通輸送構造の最適化 (15) 省エネルギー・低炭素型の交通機関普及 (16) 低炭素型のモビリティへの移行の積極的誘導
7. 都市・農村の建設におけるグリーン・低炭素発展の質の向上	(17) 都市・農村の建設・管理モデルの低炭素化推進 (18) 省エネルギー・低炭素建築物の大いなる発展 (19) 建築用エネルギー構造の最適化加速
8. グリーン・低炭素重大科学技術の難関攻略と普及応用の強化	(20) 基礎研究や先端技術の配置強化 (21) 先進的な適用技術の研究開発と普及加速
9. 炭素吸収能力の継続的強化，向上	(22) 生態系の炭素吸収能力の強化 (23) 生態系における炭素吸収量の増加
10. 対外開放のグリーン・低炭素の発展水準の向上	(24) グリーン貿易システムの構築加速 (25) グリーン「一帯一路」の構築推進 (26) 国際的な交流と協力の強化
11. 法令・基準・規格と統計監視体系の整備	(27) 法令・基準の整備 (28) 基準測定体系の整備 (29) 統計の監視能力の向上
12. 政策メカニズムの整備	(30) 投資政策の整備 (31) グリーン金融の積極的発展 (32) 財政・価格政策の整備 (33) 市場メカニズムの構築推進
13. 組織的実施の着実な強化	(34) 組織の指導強化 (35) 統括・協調の強化 (36) 地方が責任を確実に果たすこと (37) 厳格な監督，査定

（出所）「意見」より作成

図表 5　「方案」の概要

1．全体的要求	(1) 方針
	(2) 業務原則
2．主な目標	
3．重点任務	(1) エネルギーのグリーン・低炭素化行動
	(2) 省エネ・CO_2 削減効率化行動
	(3) 工業分野の CO_2 排出量ピークアウト行動
	(4) 都市・農村建設の CO_2 排出量ピークアウト行動
	(5) 交通輸送のグリーン・低炭素行動
	(6) 循環経済の CO_2 削減サポート行動
	(7) グリーン・低炭素の科学技術イノベーション行動
	(8) 炭素吸収源能力の強化・向上行動
	(9) グリーン・低炭素の国民行動
	(10) 各地域の秩序ある段階的 CO_2 排出量ピークアウト行動
4．国際協力	(1) グローバル気候ガバナンスに深く関与
	(2) グリーン経済貿易，技術，金融の提携実施
	(3) グリーン「一帯一路」構想の推進
5．政策保障	(1) 統一的・規範的な CO_2 排出統計算定体系の確立
	(2) 法令・規格の整備
	(3) 経済政策の整備
	(4) 市場化メカニズムの確立，整備
6．組織的実施	(1) 統括・協調の強化
	(2) 責任の履行の強化
	(3) 査定の厳格監督

（出所）「方案」より作成

　これまで中国が発表した情報を元に気候変動関連目標について整理すると，中国は 2020 年現在（実績）で年間約 100 億トンの CO_2 を排出しており，これを 30 年にピークアウトし，60 年にはカーボンニュートラルにすることが基本の目標となる。石炭消費については，CO_2 排出量の約 7 割を占めているが，25 年にはピークアウトし，その後も段階的に減らしていくとしている。ただし，石炭消費は 60 年にゼロになるのではなく，一定程度は残ると考えられる。
　もう 1 つ重要な点として，非化石エネルギーの割合を高めていくことが挙げられる。非化石エネルギーの一次エネルギー消費に占める割合は 2020 年現在（実績）で 15.9％，これを 30 年に約 25％とする目標を設定しており，この 10 年間は緩やかな伸びを想定している。ただ，60 年には 80％以上を目標にして

図表6　中国の主な気候変動関連目標

	2020 年実績	2025 年	2030 年	2060 年
CO₂ 排出量	約 100 億 t		ピークアウト	カーボン ニュートラル
石炭消費量	約 40 億 t	ピークアウト		
一次エネルギー消費での 非化石エネルギー比率（％）	15.9	約 20	約 25	80 以上
風力発電および太陽光発電 総設備容量（億 kw）	5.3		12	
単位 GDP 当たりの エネルギー消費量（％）	2015 年比 -13.1 *1	20 年比 -13.5		
単位 GDP 当たりの 二酸化炭素排出量（％）	15 年比 -18.8 05 年比 -48.4	20 年比 -18 05 年比 -57.7 *3	25 年比 -17.3 *3 05 年比 -65	
森林被覆率（％）	23.04	24.1	約 25	
森林蓄積量（億 m³）	175.6 *2	180	190	

（注）　*1：2019 年の値，*2：2018 年の値，*3：筆者試算の値
（出所）「新発展理念の完全かつ正確な全面的貫徹による CO2排出量ピークアウト，カーボンニュートラル実現に関する中共中央，国務院の意見」，「中国気候変動対応の政策と行動」等を基に作成

いることから，30 年から 60 年の 30 年間は急激に非化石エネルギー化が加速することになる（図表6）。

3．国際交流の現況

3.1　気候変動目標をめぐる米中交渉

これまで中国が気候変動目標を公表するとき，その背後には科学的な検討と米国との交流が存在していた。前者については，今回の目標設定でも清華大学の研究グループを中心とする研究成果が反映されている。

後者について，これまでの経緯を振り返ると，2009 年 9 月には，米国で開催された国連気候変動サミットにおいて胡錦濤国家主席（当時）が演説し，省エネおよびエネルギー効率の向上，再生および原子力エネルギーの発展，森林面積の増加などを表明した。この後，同年 11 月にオバマ大統領（同）が訪中，北京にて胡氏と気候変動，エネルギーおよび環境分野の協力覚書に調

印し，同月 25 日に米国は「2020 年までに CO_2 排出量を 05 年比 17％減」の目標を発表した。同じ日に中国も温家宝総理（同）が国務院常務会議において「2020 年までに全国の GDP 単位当たりの CO_2 排出量を 05 年比で 40〜45％減少させる」ことを指示している。

　2014 年 11 月には習近平国家主席とオバマ大統領が北京で「中米気候変動共同声明」を発表した。

　中国は 2030 年前後に CO_2 排出量をピークアウトすることとし，できる限り早くに達成するよう努力すること，また 30 年の一次エネルギーに占める非化石エネルギーの割合を約 20％に高めることを目標とした。他方，米国は 25 年に CO_2 排出量を 05 年比 26〜28％減とすること，可能な限り 28％減とすることを目標とした。

　この 2014 年の共同声明では，ケリー国務長官（同）と解振華・国家発展改革委員会副主任（同）が交渉，起草を行った。今般，米国が中国に対して，「3060 目標」をさらに野心的な目標へ引き上げるため一連の交渉を行うに際して，交渉担当者としてケリー氏を米大統領特使（気候変動問題担当）としたのも，過去の経緯と実績を踏まえたものであろう。これに対して中国もケリー氏のカウンターパートとして高齢のため一線から身を退いていた解氏を気候変動問題担当特使として再登板させた。

　中国が気候変動目標を公表する際に米国との交流を経ていたのは，中国側の視点に立てば気候変動分野を両国の協調姿勢，さらに中国が米国と対等の関係を示す機会として考えていたためであろう。

　このような過去の経験から，ケリー特使は今回も COP26 までには中国から「3060 目標」の野心的な見直しを引き出せると考えたかもしれない。2021 年にケリー特使は上海，天津市，英国で計 3 回，解特使と対面の会談を行った。しかし，結果的に中国が「3060 目標」を見直すには至らず，成果としては COP26 期間中の 2021 年 11 月 11 日に「2020 年代における気候行動強化に関する米中グラスゴー共同宣言」を発表するに留まった。

　中国が「3060 目標」を発表した 2020 年 9 月時点，米中は緊張関係にあり，また米国はパリ協定から離脱を明言（同年 11 月 4 日に離脱を正式通告）しており気候変動分野での協調の余地も無かった。

図表7　2021年に行われた主な米中会談

2月10日	【電話会談】バイデン大統領，習国家主席
3月18, 19日	【アンカレッジ】ブリンケン米国務長官，サリバン米大統領補佐官，楊中国共産党政治局委員，王中国国務委員兼外交部長（外相）
4月14〜17日	【上海】ケリー特使，解特使 17日，気候変動に関する共同声明を発表，中国は「『モントリオール議定書』キガリ改正」の受諾表明
7月26日	【天津】シャーマン米国務副長官，王外相 「2つのリスト」（中国が懸念する重点個別案件）と「3つのボトムライン」（1. 米国は中国の特色ある社会主義路線と制度に挑戦，誹謗中傷さらには転覆を企ててはならない，2. 米国は中国の発展過程を妨害，中断させたりしてはならない，3. 米国は中国の国家主権を侵害してはならず，ましてや領土保全を損なってはならない）を要求
8月29日	電話会談：ブリンケン国務長官，王外相 「2つのリスト」と「3つのボトムライン」を要求
8月31日〜9月2日	【天津】ケリー特使，解特使 オンラインで王外相と会談，「2つのリスト」と「3つのボトムライン」を要求，「米国は気候変動協力が米中関係のオアシスと期待しているが，オアシスが砂漠に囲まれていれば，遅かれ早かれ砂漠になる，気候変動も米中関係の大局から切り離すことは不可能」
9月9日	【電話会談】バイデン大統領，習国家主席 中国側では気候変動等について，中国の立場を説明し，中国はエコロジーを優先し，グリーン低炭素な発展の道を進むことを堅持，国情に合った国際的責任を積極的に担ってきたことを協調，米中両国は互いの革新的関心事を尊重，相違点を適切に管理することを基礎として，気候変動等の問題の協調と強力を推進することができると述べ，米国は「1つの中国」の方針を変えるつもりはなく，気候変動等の重要問題について中国との意思疎通と協力を強化し，より多くの合意を得られることを期待していると述べ，米中両国がコミュニケーションを図ることが，重要であることに両国が合意と発表
10月6, 31日	6日【チューリッヒ】サリバン補佐官，楊政治局委員，31日【ローマ】ブリンケン国務長官，王外相 米国が中国の権益を損なっている諸問題について懸念と米国の対応変更を要求，特に強調されたのは台湾問題で，米国が行動が伴った真の「1つの中国」を堅持することを求める
11月11日	【英国】ケリー特使，解特使 「2020年代における気候行動強化に関する米中グラスゴー共同宣言」を発表
11月16日	【オンライン会談】バイデン大統領，習国家主席

（出所）報道を基に作成

　このタイミングで中国が「3060目標」を発表したのは，責任ある大国として米国との差異を国際的にアピールすること，また将来的な米国との緊張緩和に向けた突破口として，気候変動分野での協調可能性を示すシグナルという意味があったと思われる。実際，米国はバイデン大統領が就任するとパリ協定へ復帰，気候変動政策を政権の主要課題として掲げた。しかし，バイデン氏は中国に対して気候変動分野こそ協調可能性を示したものの，外交全般は前政権同様に緊張関係を緩和させることはなかった。

　天津を訪れたケリー特使とオンライン会談をした王毅外相は「米国は気候変動協力が米中関係のオアシスと期待しているが，オアシスが砂漠に囲まれていれば，遅かれ早かれ砂漠になる。気候変動も米中関係の大局から切り離すことは不可能である」と述べた。この言葉の通り，従前より外交，経済，軍事面で自信を深める中国に対して，米国が気候変動分野のみを取り出して果実を得るのは，そもそも極めて困難なミッションだったと考えられる[2]（図表7）。

〈BOX：中国の交渉力示した米中グラスゴー共同宣言〉

　2021年11月に合意された米中グラスゴー共同宣言は16項目から成る。合意内容の半分は両国の気候危機に関する認識の共有，協力の強化といった外交文学的な文章が占め，残り半分で大きく3点として①米中の協力分野の列挙と作業部会の設置，定期会合の開催②排出削減設備を伴わない石炭火力発電の国外支援の終了③見直した排出削減目標（NDC）を25年に公表する――ことが記されている。多少解釈の余地を残す表現はあるが，気候変動分野での実務的な協力については大局的な合意に至ったと考えられる。

　この合意に対する米，中それぞれの思惑を考えると，米国としてはクリーンエネルギーやCO_2回収・有効利用・貯留（CCUS：Carbon dioxide Capture, Utilization and Storage）での協力を提示することで，中国のNDCの見直しを引き出したかったが，次の見直し時期として2025年を明示するところで妥協せざるを得なかったと思われる。

　また，COP26で米国はメタンガスを2030年までに少なくとも30％削減を行う目標を掲げる国際的枠組みを呼びかけ，日本を含む97の国と地域が参加を表明したが，中国は技術的課題を残すとして参加をしなかった。

　共同宣言では独立した一項を設け，メタンガスの排出抑制について共同研究，計画策定，会合開催に合意をしており，中国が将来的に国際的枠組みに合流する可能性を残したことについては米国としては成果と感じているであろう。

　他方，中国としては初めからこのタイミングでの NDC の見直しはあり得なかった。そもそも中国にとって「3060目標」は科学的根拠を持って策定した目標であり，政治外交的な理由のみで簡単に変更できる性格のものではない。

　実際，既に中国の関心はいかに目標達成をするかの政策立案と実行の段階に移っていた。そのようなハードルを乗り越えて修正を行うとすれば，それができるのは目標を発表した習近平国家主席本人のみであり，解振華特使ら事務方にマンデートは無い。習氏の前向きな発言を得るには，バイデン大統領との接触が不可欠であるが COP26 の時点で両国にはそのような機運は無かった。

　合意内容に関して，中国はカーボンニュートラルに向けて技術的支援を必要としており，また，メタンの排出抑制も課題として認識しているため，目標達成を伴う国際的枠組みとは別の場であれば歓迎できる。前述の②については，既にこの時期には中国国内でも国際的支援は終了する方向で議論が進んでおり，③についても 2025 年は第 15 次 5 カ年計画の開始時期であり，これまで中国が 5 年に 1 回の頻度で気候変動目標を見直している周期とも合致している。中国にとっては負担の無い形で，米国と肩を並べて COP26 の議論を先導するという存在感を示すことができ，満足いく内容であったと思われる。

　これまで米国との二国間交渉，協調により大国としての地位を示してきた中国だが，米中グラスゴー共同宣言を見ると，地位の誇示に留まらず，米国に対抗可能なタフネゴシエーターに成長していることを感じさせる。

（染野憲治）

3.2　環境外交と「一帯一路」構想のリンク

　中国は米国以外とも二国間および多国間での会談，政策対話を積極的に重ねている。主な相手国としては欧州，途上国が挙げられ，特に「一帯一路」構想の協力国を重視している。

　米国のみならず欧州も中国に対して「3060目標」よりさらに野心的な目標設定を行うように働きかけを続けている。その点で米国，欧州は同じ立ち位置

にあるが，中国は米国，欧州との交渉を分けることで双方を牽制する動きが見られる。

　例えば，上海市でケリー特使と解特使らが会談を行っている最中の 2021 年 4 月 16 日，習近平国家主席は気候変動問題についてフランスのマクロン大統領，ドイツのメルケル首相（当時）とオンライン会談を行った。習氏は気候変動問題を政治的カードにすべきでないと発言したと伝えられるが，ケリー特使と解特使が会談をしている時期に合わせた会談は，まさに米国が気候変動問題を主導しようとするなかでの中国から米国への牽制であり，同時に気候変動問題を主導したい欧州や仏独両国への牽制とも受け取れる。

　同様に途上国に対する南南協力や多国間な場での協力姿勢は，欧米や G7 といった特定，少数の国が議論を先導することを牽制するものであり，同時に，中国が環境分野での国際規格の策定，相互承認メカニズム等の活動において多数の国からの支持を得るための有効な手段ともなり得る。

　近年，中国は途上国に対し二国間あるいは G77，ASEAN，BRICS，BASIC（ブラジル，南ア，インド，中国），上海協力機構等を通じた交流や中国・アフリカ環境協力センターの設立等の南南協力を展開している。2020 年 10 月には生態環境省，国家発展改革委員会，中国人民銀行，中国銀行保険監督管理委員会，中国証券監督管理委員会の 5 部門共同で「気候変動対応投融資の促進に関する指導意見」の通知を発出し，人民元グリーン海外投融資基金の設立，金融機関による「一帯一路」および「南南協力」での低炭素化建設の支持が示された。また同年 11 月，生態環境省及び国家国際発展協力署は「気候変動対応南南協力物資援助プロジェクト管理暫行弁法」を公布し，援助対象国として経済発展レベルが低い，また気候変動の影響が大きい途上国，特に島嶼国，最貧国及びアフリカ諸国，更に「一帯一路」建設に参加する途上国を重点的に考慮することとしている。

　「シルクロード経済帯」（一帯）と「21 世紀海上シルクロード」（一路）からなる「一帯一路」構想は 2013 年に習氏が提唱したことに始まり，21 年 12 月 9 日現在，145 カ国と 32 国際機関が 200 件以上の協力文書に署名している。同構想の総会とも言うべき「一帯一路国際協力ハイレベルフォーラム」が，これまで 17 年 5 月と 19 年 4 月の 2 回開催されており，第 1 回フォーラムで習氏が

「一帯一路グリーン発展国際連盟」の設立を打ち出し，第2回フォーラムで正式に設立された。

　連盟の事務局は生態環境省対外合作交流センター（FECO）内に置かれ，中国，シンガポール，ノルウェー，世界自然保護基金（WWF）および世界資源研究所（WRI）が主席を務め，ラオス，南アフリカ，モンゴル，イスラエル，国際機関や欧米の非政府組織（NGO）代表，中国企業が委員として参加している。また，中国，ロシア，イタリア等26カ国の環境省，国連環境計画（UNEP），国連欧州経済委員会（UNECE）等の9つの国際機関，85の欧米や韓国，フィリピン，パキスタン等のNGOや中国の大学・研究機関，中国，英国，ドイツ，フランス，ノルウェーの企業32社などが協力パートナーとなっている。主な活動としては政策対話と交流，環境に関する知見と情報，グリーン技術の交流と移転を目標とし，研究やセミナーの開催などを行っている（図表8）。

図表8　「一帯一路」グリーン発展国際連盟の概要

組織	●主席：中国の黄潤秋・生態環境大臣，シンガポールのグレース・フー持続可能性・環境大臣，ノルウェーのヴィーダル・ヘルゲセン前気候環境大臣，世界自然保護基金および世界資源研究所 ●諮問委員会：ラオス，南アフリカ，モンゴル，イスラエルの環境省幹部，国際機関や欧米のNGO代表，中国企業（電力：国家電力投資集団，資源：中国アルミ業集団，交通：中国交通建設股份，金融：興業銀行，環境：億利資源集団，光大環境）等 ●協力パートナー：中国，ロシア，イタリア等26カ国の環境省，国連環境計画，国連欧州経済委員会等の9つの国際機関，85の欧米や韓国，フィリピン，パキスタン等の非政府組織や中国の大学・研究機関，中国，英国，ドイツ，フランス，ノルウェーの企業32社など
目標	政策対話と交流，環境に関する知見と情報，グリーン技術の交流と移転
研究報告書	2020年：①一帯一路グリーン発展事例報告（2020），②一帯一路グリーン発展ガイドラインベースライン研究報告，③一帯一路炭素市場メカニズム研究，④一帯一路生物多様性重要区域および影響分析，⑤一帯一路グリーンエネルギーと環境，⑥一帯一路グリーンサプライチェーン指数，⑦一帯一路グリーン発展事例報告（2019） 2021年：①一帯一路グリーン発展ガイドラインⅡ期テーマ1：企業および金融機関応用ハンドブック，②一帯一路グリーン発展ガイドラインⅡ期テーマ2：鉄道道路産業グリーン発展ガイドライン，③一帯一路グリーン都市発展事例報告，④一帯一路生物多様性保護事例報告，⑤一帯一路海上相互連絡グリーン発展研究，⑥一帯一路共同建設国家交通運輸グリーン発展ルート研究，⑦一帯一路共同建設国家自動車産業炭素排出基準研究

（出所）一帯一路グリーン発展国際連盟HPより作成（最終閲覧日2021年11月16日，http://www.brigc.net）

3.3　薄れる日本の存在感〜細る中国との環境交流のルート

　1990 年代以降，中国の環境分野における日本の貢献は大きく，代表的な活動の 1 つとして 96 年に日本の無償援助により北京に建立された日中友好環境保全センターがある。センター建設工事中の 92 年より日本人専門家を長期派遣し，中国の環境分野での能力向上を目的とした研修やセミナーを開催してきた。このような日中環境協力には主に政府開発援助（ODA）が活用されたが，対中 ODA は 2022 年 3 月末で終了することとなり，今は同センターに駐在する日本人もいない。

　近年の中国の経済発展や西側諸国との外交的対立から，対中 ODA による環境協力が終了すること自体，遅きに失する判断との声も聞こえる。しかし，2004〜07 年，2016〜21 年の約 9 年間，北京に滞在した筆者が現地で目にしてきたのは，今なお続く中国と世界の環境協力の姿である。一部の西側諸国（イタリア，ポルトガル，ニュージーランド，韓国等）は「一帯一路」構想にも参加し交流をしているし，政府としては「一帯一路」に参加していない欧州・EU や米国，カナダ等も中国に対する環境協力を積極的に実施している。

　例えば，EU やドイツ，フランスなどは現在も ODA による協力を続けている。カナダは，1992 年に中国と協力して立ち上げた国内外の有識者で環境問題を検討する中国環境・発展国際合作委員会（チャイナカウンシル）に 30 年間に渡り拠出を続けており，第 7 期（2022〜26 年）の活動も引き続き拠出を予定している。米国や英国は WRI，自然資源防衛協議会（NRDC），環境防衛基金（EDF），エネルギー基金会（EF）などの環境 NGO を通じた資金提供を行っている。これら NGO の中国代表やスタッフはほとんどが中国国籍であり，その給与や活動経費は米国や英国の NGO 本部が負担している。

　ドナー（資金提供）国の関係者に話を聞くと外交的主張で相違点はあっても，中国との関係を完全に閉ざすのではなく，気候変動や生物多様性などでの環境協力を通じて対話チャネルを閉ざさないことを重視しているという。

　中国の環境政策に対するエンゲージは容易ではないが，欧米は正面切った外交交渉と同時にトラック 1 あるいはトラック 2 での交流を通じて，その実現を模索している。このような状況で，対中 ODA を終了させ，トラック 2 の交流ルートも持たない日本は早晩，中国における環境分野での存在感や影響力をほ

とんど無くしていくであろう。

4．中国は環境問題で世界をリードするか

「3060 目標」の設定にあたって清華大学らにより行われた研究では，2050 年
までの中国の発展ルートについて①現状延長で NDC の目標を実施する「政策
シナリオ」②政策シナリオより単位 GDP 当たりのエネルギー消費および CO_2
排出量を抑制し非化石エネルギーの使用効率を高める「強化政策シナリオ」
③ 2050 年の地球の平均気温上昇を産業革命前と比べて摂氏２度に抑制する
「2℃目標シナリオ」④摂氏 1.5 度に抑制する「1.5℃目標シナリオ」——の４つ
のシナリオが想定された（図表 9）。

　①＜②＜③＜④の順に実現のためのハードルが高くなるが，①，②では
2050 年の 2℃目標達成は困難であり，他方で③，④はエネルギー，経済システ
ムの急激な変更を必要とするため，即座に両ルートへ舵を切るのは非現実的で

図表9　2℃誘導および 1.5℃誘導シナリオにおける温室効果ガス排出量

単位：億 t-CO2		2℃目標シナリオ			1.5℃目標シナリオ		
		2020	2030	2050	2020	2030	2050
エネルギー消費 CO2 排出量	総量	100.3	104.6	29.2	100.3	103.1	14.7
	工業	37.7	41.5	11.9	37.7	−	4.6
	建築	10.0	8.8	3.1	10.0	−	0.8
	交通	9.9	10.9	5.5	9.9	−	1.7
	電力	40.6	39.5	8.3	40.6	−	7.2
	その他	2.1	3.8	0.4	2.1	−	0.4
工業プロセス CO2 排出量		13.2	9.4	4.7	13.2	8.8	2.5
非 CO2 温室効果ガス排出量		24.4	27.8	17.6	24.4	26.5	12.7
農林業 CO2 貯留量		−5.8	−6.1	−7.0	−7.2	−9.1	−7.8
CCS/BECCS 貯留量		0.0	0.0	−5.1	0.0	−0.3	−8.8
合計（CO2）		107.7	107.9	21.8	106.3	102.5	0.6
合計（温室効果ガス）		132.1	135.7	39.4	130.7	129.0	13.3

　（出所）精華大学気候変化・持続可能発展研究院「中国長期低炭素発展戦略与転型路経研究総合報告」
　　中国環境出版集団（2021）より作成（−はデータの掲載が無く不明）

ある。そのため，この研究では 2030 年までは②のルートを進み，30 年までに
CO_2 排出量をピークアウトさせた後に，③または④に転換するルートを提唱
している。

　現在，中国ではエネルギー消費強度（単位 GDP 当たりのエネルギー消費
量）と総量の「双控」（二重コントロール）制度を実施している。また，特に
大量にエネルギーを消費し，CO_2 や汚染物を排出するプロジェクトは「両高」
と呼ばれ，プロジェクトの中止も含めた厳格な監督，管理が行われる。

　この過程で短期的には目標達成のための過剰な規制を行う「一刀切」や電力
不足による経済への影響といった問題が発生するであろう[3]。しかし，清華大
学らの研究で提唱されたルートでも 2030 年の CO_2 排出量は現状（2020 年）
と同程度と見込んでおり，そこまで高いハードルではなく，第 14 次 5 カ年計
画で掲げた 35 年には「グリーンな生産とライフスタイルが広範囲にわたって
形成され，炭素排出量がピークに達した（30 年の）後，着実に減少しており，
生態環境が根本的に改善され，美しい中国を構築する」という目標は概ね実現
されるであろう。

　他方，研究のルートでは 2030 年から 50 年の CO_2 排出量は 8〜10 割減を達
成しなければならない。中長期な発展ルートにおいては，経済を化石資源に頼
る内モンゴル自治区など各地域の発展の不均衡さが，より顕在化してくること
が予想される。また，2020〜50 年の需要投資額は約 2200〜3000 兆円を要する
と見込まれるが，投資額を確保するためには長期的な経済成長や安全保障など
他分野での投資との両立が求められる。その点で，中国で 2021 年に見られた
ような急激な政策変更，中国経済をリードしてきた民間企業に対する規制強化
（国進民退）などは，環境分野での資金確保に対する不安材料となる。

　気候変動対策としては CO_2 だけでなく，非 CO_2 温室効果ガスの大幅削減も
必要だが，これには更なる新規技術開発が不可欠で，見通しは立っていない。
また気候変動以外にも国内の環境問題の解決には前述のとおり時間を要するで
あろう。

　中国において環境問題の解決が国是であること，中国の特色ある迅速かつ試
行的政策の展開，中央集権による執行強化，巨大な国内市場や経済力を背景と
した「環境対策のセレクトショップ」への転換，国際的な交流と協力といった

現状の延長で 2035 年頃までは乗り切れるとしても，長期的に中国が環境問題で世界をリードするためには，安定的な国内政策の運営や技術開発のための市場整備，国際交流などが開放的に展開されることが不可欠なように思える。現時点で確実に言えるのは，中国が環境問題で世界をリードする可能性は否定できないが，同時に困難な課題も存在しているということである。

[注]
1　近年，中国では様々な政策分野で「頂層設計」（トップダウン）での基礎的指導文書（＝1）とその付随文書（＝N）による政策体系（1＋N）という方式が活用されており，CO_2 排出量の 2030 年のピークアウトおよび 60 年のカーボンニュートラルについても，この 1＋N 方式が採用された。
2　2022 年 8 月 2 日，米国のナンシー・ペロシ下院議長が台湾を訪問した。中国外交部は同月 5 日，8 項目の対抗措置を発表し，その 1 つとして米中間の気候変動問題に関する協議を停止するとした。同日，中国紙の環球時報で復旦大学米国研究センター信強副主任は対抗措置は「特に気候変動分野で大きな影響」があり，「バイデン大統領にとって気候変動分野は顕著な外交実績であり，中国の支持と協力が無ければ米国だけでは何の成果も得られない」と述べた。他方，米国のケリー特使はツイッターで「協力の停止は米国を罰するのではなく，世界，特に発展途上国を罰することになる」と指摘した。
3　2022 年 8 月現在，ロシアのウクライナ侵攻により燃料価格が高騰している。この状況が 3060 目標に与える影響として，短期的には石炭使用量の増加などが生じる可能性がある。ただ 3060 目標は国是かつ中長期の目標であり，現時点でこれを見直す動きは見られない。

[参考文献]
染野憲治（2021）「中国における環境問題の動向と日中関係」一般財団法人日中経済協会『日中経協ジャーナル』21 年 2 月号，No.325，pp.2-5.
染野憲治（2021）「中国の気候変動『3060 目標』の背景」一般財団法人霞山会『東亜』，2021 年 8 月号，No.650，pp.2-9.
染野憲治（2021）「中国・気候変動対策の深謀遠慮－国に政策あれば，企業に対策あり？」外務省『外交』，Nov./Dec.2021，Vol.70，pp.26-31.

第**8**章

「一国二制度2.0」で揺れる香港
——再出発へ本土との融合避けられず

亜細亜大学アジア研究所教授
遊川和郎

◉ポイント

▶ 2020年6月に施行された香港国家安全維持法（国安法）によって香港の反政府活動は徹底して抑え込まれ，続く選挙制度の変更により民主派の活動空間は事実上消滅した。こうした社会の激変により市民には海外移住という選択肢が現実となり，国安法施行後1年の純流出は8万9200人に上る。

▶境外企業の香港拠点数は過去数年，横ばいだが，日米欧は減少し，中国本土からの増加がこれを補う構図が鮮明になっている。金融センター機能も中国本土企業の旺盛な資金需要や本土の余剰資金の運用，国が進める脱炭素政策支援（グリーン金融）へと傾斜している。

▶香港経済の活路は「国家との融合」である。統治は「一国」に収斂する一方で，「二制度」を活用した本土への貢献が求められている。広東省深圳市が国の支援を受ける中，「大湾区」構想の中で香港がどのような役割を果たすことができるのか，「一国二制度」が適用される後半25年の課題として問われる。

◉注目データ ☞ 香港では日米企業が減少している（香港にある地域統括本部数）

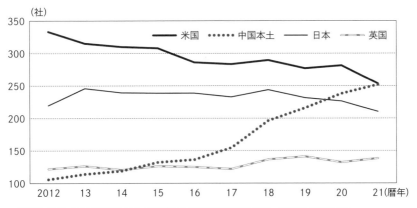

（出所）2021年有香港境外母公司的駐港公司按年統計調査報告（香港政府統計処）

1．国安法で一変した香港

　2019年の逃亡犯条例改正案に端を発する激しい抗議活動（反政府運動）により，香港社会は未曾有の大混乱に陥った。その収束を図る中央政府は20年6月末，香港政府の頭越しに香港国家安全維持法（国安法）を制定，同法の施行により香港社会は表面的には落ち着きを取り戻すとともに，香港基本法の定める「一国二制度」という当初の構想から大幅な軌道修正を図るものとなった。

　本章では①国安法施行によって香港は何がどのように変化したのか，していないのか②その香港を中央政府はどのようにしようとしているのか③新たな生き方を提示された香港の可能性——について展望してみたい。

1.1　徹底した民主派弾圧

　国安法の施行により警察権力が格段に強化され，香港社会は一変した。施行1年で国安法による逮捕者は117人（他に海外指名手配），毎年の天安門事件犠牲者追悼集会やデモ活動を組織していた民主派の政治団体・支持団体は解散に追い込まれ，活動家の大半は長期収監されたままとなっている。許される言論・表現の空間は，中国標準に収斂したといってよい。

　メディアでは，中国に批判的な蘋果日報（アップル・デイリー）は幹部が逮捕され，2021年6月末に廃刊となった。残された民主派寄りのネットニュース立場新聞や衆新聞も同年末から22年1月にかけて相次いで廃刊，当局に批判的なメディアは姿を消した。映画は過去の作品も含めてすべて検閲対象，学校では国旗掲揚が義務付けられ，民族意識，愛国精神を涵養する教育へと転換した（図表1）。

1.2　選挙制度の変更

　2014年の雨傘運動以来，中央政府が危惧したのは香港が「一国二制度」の名の下，中国の介入を遠ざけ，外国勢力との結託などにより国家安全の抜け穴となることだった。19年の激しい抗議活動が米国など海外に助けを求めてい

図表1　国安法施行後の統制強化の例

	内容・結果
逮捕者	一連の抗議活動で1万人以上を逮捕 国安法容疑で162人逮捕（～2022/1/25，他に海外指名手配）
メディア	『蘋果日報』『立場新聞』『衆新聞』が廃刊 香港電台（RTHK）への介入，圧力 The Economist など海外メディアの記者ビザ更新拒否
政党・組合・民主派団体等の解散	「新民主同盟」「熱血公民」，香港職工会連盟（職工盟），香港教育専業人員協会（教協），民間人権陣線（民陣），香港市民支援愛国民主運動連合会（支連会）などが解散
施設閉鎖・撤去	支連会が2014年に開館した「六四記念館」が閉鎖 香港大学構内に設置された天安門事件犠牲者の慰霊碑が撤去 アムネスティ・インターナショナルが香港オフィスを閉鎖
議会	宣誓を義務付け。民主派区議200人以上が辞職，49人宣誓無効で失職。選挙制度変更。立法会議場に中国の国章
文化	独立派の著作を公立図書館から撤去 全映画の検閲，既認可作品の上映・DVD化を制限
教育	国旗掲揚を義務付け。「通識教育」を「公民與社会発展」科に変更，中国憲法や5カ年計画などを重点的に学習

（出所）報道から筆者作成

たことも中央は看過できなかった。

そのような中，民主派は2019年11月の区議会選挙で圧勝し，20年9月に予定されていた立法会（議会）選挙において「35議席を超える」という，過半数の議席獲得（定数70）の目標を公言した。実現の暁には議会で予算案の否決や行政長官の罷免という政権奪取が現行の基本法の枠組みの中で可能であるという道筋を示したことが，中央の危機感を募らせた。

香港政府は国安法施行後の2020年7月，新型コロナウイルスの感染拡大防止を理由に立法会選挙の1年延期を決定。21年1月には民主派の前議員を含む53人を一斉逮捕（国家政権転覆罪を初適用），活動の根絶を図った。

その後，夏宝龍・香港マカオ事務弁公室（港澳弁）主任が選挙制度の見直しが「最も重要かつ喫緊の課題」と指摘，3月の全国人民代表大会（全人代）で見直しが決定した（図表2）。

注目された2021年12月に行われた制度変更後初の立法会選挙は全90議席

図表2　香港選挙制度見直しの概要

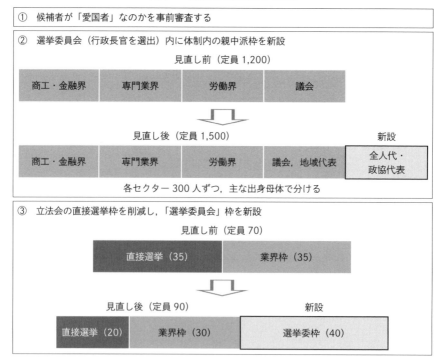

① 候補者が「愛国者」なのかを事前審査する

② 選挙委員会（行政長官を選出）内に体制内の親中派枠を新設

見直し前（定員1,200）

商工・金融界	専門業界	労働界	議会

見直し後（定員1,500）　　　　　　　　　　　　　　　新設

商工・金融界	専門業界	労働界	議会，地域代表	全人代・政協代表

各セクター300人ずつ，主な出身母体で分ける

③ 立法会の直接選挙枠を削減し，「選挙委員会」枠を新設

見直し前（定員70）

直接選挙（35）	業界枠（35）

見直し後（定員90）　　　　　　　　　　　　新設

直接選挙（20）	業界枠（30）	選挙委枠（40）

（出所）報道を基に筆者作成

中89議席を親中派が占めた（投票率は過去最低の30.2％）。市民の声は届きにくくなる一方，政府は独自の民主制度と自賛し，行政主導で円滑な政権運営が可能になると主張している。

1.3　移民の増加

　こうした社会の激変に対し，希望を感じられなくなった市民には移民（海外移住）という選択肢が現実のものとなる。2021年6月末，香港の人口は739万4700人と，国安法が施されたちょうど1年前から8万7100人（1.2％）減少した。うち，海外移住などの純流出が8万9200人に上る。

　香港政府の推計では，返還交渉の始まった1980年代からその後30年間で約80万人が海外移住した。特に90年代前半は天安門事件によって返還後の不安

が増幅されて年間 6 万人を超える海外移住があった。

　ただ，当時は万一に備えた保険の意味合いで，移民資格を得るために家族の一部がカナダや豪州に一旦移り住むというのが一般的だった。ここにきての海外移住は子供の将来を考えて一家で香港を後にするのが中心で，学校では退学者の増加に伴う追加募集や学級再編の報道が目立つようになった。

　移民先としては旧宗主国の英国が海外市民（BNO）旅券保有者らを対象にした特別ビザ（5 年住むと永住権，その 1 年後に市民権獲得可能）の発行計画を 2021 年 1 月末から開始したことから，市民の関心を集めた。英国内政省の統計によれば，同年 9 月末までの申請件数は 8 万 8800 件，そのうちすでに許可が下りたのは 7 万 6176 件に上る（英国は最初の 5 年間で約 32 万件の申請を想定）。また，台湾は 1 年で約 1 万人に居留許可のビザを発給した。

　一方，香港政府は各種の高度人材受け入れプログラムを実施している。中国本土出身者に特化した「輸入内地人材計画」で 6995 名（2020 年），全世界を対象とした「優秀人材入境計画」で大半を占める中国から 1624 名（同），香港の高等教育機関で学位を取得してそのまま就職する本土出身者 6125 名（同）などの受け入れ実績がある。

　海外移住に伴う人材流出の穴埋めは，今後本土との一体化で行われることになると予想されるが，香港のビジネスの現場では，「海外移住による現地職員の退職」など「人材流出」を懸念する例もある[1]。

2．進出外国企業への影響

　香港はアジアのビジネスセンターとして，外国企業が統括拠点や事務所などを設置して活動する拠点都市（ビジネスハブ）である。過去数年の混乱や国安法施行を経て，香港の機能をめぐる動きには，どのような変化があるのだろうか。香港政府が 2021 年 10 月に発表した資料[2]（2021 年 6 月 1 日現在のデータ）を基に見てみると以下のようなことが挙げられる。

　まず，香港に拠点を置く外国企業（中国本土を含む）数は過去 3 年は約9000 社で全体としては変化はないが，日米欧企業は減少し，それを中国本土企業の旺盛な進出が穴埋めする構図が顕著である。内訳を見ても，「地域

図表3　香港に拠点を置く外国企業数と就業人数

		2019 年	2020 年	2021 年
地域統括拠点 Regional Headquarter	会社数（社）	1,541 (17.0)	1,504 (16.7)	1,457 (16.1)
	就業者数（人）	19 万 5,000 (39.6)	17 万 7,000 (36.6)	16 万 1,000 (34.0)
地域事務所 Regional Office	会社数（社）	2,490 (27.5)	2,479 (27.5)	2,483 (27.4)
	就業者数（人）	8 万 5,000 (17.2)	8 万 4,000 (17.4)	8 万 3,000 (17.5)
現地事務所 Local Office	会社数（社）	5,009 (55.4)	5,042 (55.9)	5,109 (56.5)
	就業者数（人）	21 万 3,000 (43.2)	22 万 2,000 (46.0)	22 万 9,000 (48.4)
総計	会社数（社）	9,040	9,025	9,049
	就業者数（人）	49 万 3,000	48 万 3,000	47 万 3,000
総計　上位国別	会社数（社）	①本土 1,799 ②日本 1,413 ③米国 1,344	①本土 1,986 ②日本 1,398 ③米国 1,283	①本土 2,080 ②日本 1,388 ③米国 1,267

（注）カッコ内は総計を 100 とした構成比。四捨五入しており合計が 100 とはならない場合がある
（出所）「2021 年有香港境外母公司的駐港公司按年統計調査報告」（香港政府統計処）から筆者作成

統括拠点（Regional Headquarter：RHQ）」が減り，地域事務所（Regional Office）が横這い，現地事務所（Local Office）が増加と，拠点としての「格」の低下が見られる。これらの拠点で働く就業者も 49 万 3000 人（2019 年）から 47 万 3000 人（21 年）に 2 万人減少した（図表3）。

　RHQ は日米欧と中国との対比が鮮明で，米国企業が 2012 年の 333 社から 21 年には 254 社に減少する一方，中国本土企業は同期間に 106 社から 252 社へと急増した。

　拠点設立にあたって重要な要素とその評価を問うたところ，以前から評価の高い「シンプルな税制と低税率」「情報の自由な流通」「廉潔な政府」「自由港の地位」といった項目は 2021 年調査でもなお高評価を維持している。一方で「政治的な安定性」「法治と司法の独立」には否定的な見方が増えている。「法治と司法の独立」を有利と評価する割合は 2018 年までは 50％を超えていたが，2021 年は 32％にまで低下した（図表4）。

　際立って評価が低いのは「職員の供給とコスト」（重要度 11 番目），「オフィ

図表4　香港に拠点を置く重要な要素とその評価（回答率）

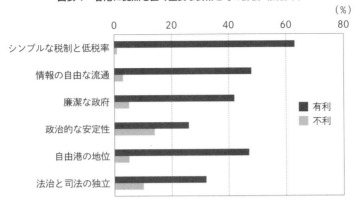

（出所）2021 年有香港境外母公司的駐港公司按年統計調査報告（香港政府統計処）

スの供給とコスト」（同 13 番目），「住宅の供給とコスト」（同 15 番目）という
コストの高さで，特にオフィスと住宅は「有利」が各 15％，11％に対して，
「不利」が 30％，34％となっている。

　進出企業にとって，低税率が魅力である一方，駐在・事業展開コストの高
さ，国安法施行によって法治が毀損する不安と委縮，といった要因に加え，香
港が中国と政策的にも一体化することに伴うビジネス活動の不自由さも悩まし
い問題となる。

　新型コロナウイルスの感染拡大を防止するため，香港政府は航空機乗り入れ
禁止措置や入境後の隔離義務，中国本土との往来制限など感染状況に応じて強
力な対策を採り，ゲートウェイの機能は大きく損なわれている。「ゼロ・コロ
ナ」を徹底する本土との往来を再開するには中国式の厳しい対策を受け入れる
しかなく，ビジネスハブ機能との両立は困難を極めている。

3．中国が描く香港の新たな役割

3.1　5 カ年計画に組み入れられた香港の機能

　「一国二制度」の下，中央政府は香港の機能や発揮する役割についてどのよ
うな構想を描いているのだろうか。中国の 5 カ年計画の中で香港・マカオにつ

図表5 第14次・2035年長期目標から見る香港の重点分野

方針	具体分野	現状
地位向上	・国際金融センター ・海運センター ・貿易センター ・エア・ハブ	・IPO 調達額第4位（2021） ・コンテナ取扱第9位（2020） ・貨物貿易第6位（2020） ・航空貨物取扱第2位（2020）
強化	・オフショア人民元 ・アセット・マネジメント ・リスク・マネジメント	・深圳市が香港で初のオフショア人民元建て地方債発行（21/10） ・「理財通」開通（21/10）
建設	・国際イノベーションセンター ・アジア太平洋地区国際法律 ・紛争解決サービスセンター ・区域知財貿易センター	・深港科技創新合作区 ・「2021年国際仲裁調査」で香港国際仲裁センターが第3位に
発展	・香港サービス業のハイエンド，高付加価値化 　中外文化芸術交流センター	・西九文化区，現代美術館「M+」開業（21/11）

（出所）「第14次5カ年計画と2035年長期目標」第61章から筆者作成

いて独立した章立てになったのは第12次5カ年計画（2011〜15年）からである。国家計画の中で香港・マカオが扱われる背景には，香港経済自身が中国との一体化に活路を求めざるを得なくなり依存を深めたことや，中国も「一国」の枠組みの中で香港をどのように活用すべきかの検討を進めたことがある。

　5カ年計画においては，まず「国家所需，香港所長（国家の必要とするところが香港の生きる道）」というのが基本的なコンセプトであり，香港の機能強化，競争力向上と国家の成長戦略をリンクさせることが前提となる。もう1つが「国家との融合」である。「一帯一路」構想への参画やイノベーションでの協力関係推進，金融分野での相互協力，そして粤港澳大湾区建設である。大湾区の中でも深圳の前海，珠海の横琴，広州の南沙といった重点協力地域の建設，また香港・マカオ居民の大湾区内での就労・生活支援などが現段階で進行中である。

　図表5に第14次5カ年計画および2035年長期目標で強調された香港の重点分野をまとめた。

3.2 中国から世界に向けた金融センター機能〜「グリーン金融」のハブも

　厳しい資本規制の存在する中国にとって，過去そして今後も不可欠なのは香

港を通じた金融機能である。香港取引所の新規株式公開（IPO）に伴う資金調達は，国際的な順位は 4 位に落したものの，金額は高い水準を維持している。

IPO 調達額の 85％は中国企業によるもので（2021 年），対立を強める米中双方が中国企業の米国上場を警戒しており，香港市場が残された選択肢となっている。2021 年は動画配信の Bilibili（ビリビリ），旅行予約サイトの携程集団（トリップドットコム）などが米国市場から香港市場に回帰した（図表 6〜8）。

中国企業の旺盛な資金需要と，成長する中国企業への投資機会を求める世界の投資家を香港市場が橋渡しする構図だが，今後は中国国内からの投資資金という双方向の流れが強まると考えられる。

中国国内では過去，余剰資金は不動産に向かい高い収益を上げていたが，すでに不動産価格には規制がかかり，国内で行き場のないが資金が香港経由で海

図表 6　主な証券取引所の IPO 資金調達額（億ドル）

順位	2019 年		2020 年		2021 年	
1	香港	401	NASDAQ	573	NASDAQ	991
2	上海	269	香港	513	NYSE	575
3	NASDAQ	268	上海	494	上海	556
4	サウジアラビア	267	NYSE	310	香港	423
5	NYSE	233	深圳	183	深圳	262
6	深圳	92	ロンドン	109	ロンドン	205
7	ロンドン	80	ブラジル	86	韓国	177
8	タイ	34	タイ	46	インド	162
9	ドイツ	34	豪州	35	ブラジル	130
10	パリ	33	インド	35	ドイツ	104

図表 7　香港での IPO 上位企業

企業名	21 年 IPO 額（億 HK$）
快手科技	483
京東物流	283
百度集団	239
ビリビリ	232
小鵬汽車	160
理想汽車	134
携程集団	98
聯易融科技集団	92
東莞農村商業銀行	91
凱莱英医薬集団	72

図表 8　香港証券取引所に占める中国企業の割合

	2019 年	2020 年	2021 年
上場企業数	1,241 (51%)	1,319 (52%)	1,368 (53%)
新規上場企業数	114 (62%)	112 (73%)	87 (89%)
時価総額（兆 HK$）	28.0 (83%)	38.1 (80%)	33.4 (79%)
1 日当たり売買金額（億 HK$）	501 (79%)	878 (85%)	1,216 (88%)
IPO 総額（億 HK$）	3,592 (78%)	6,551 (88%)	6,549 (85%)

（出所）図表 6，7，8 とも香港証券取引所市場統計から筆者作成

外に運用先を求めれば大きなビジネスチャンスとなる。こうしたニーズを取り込もうとするのが「理財通（ウェルス・マネジメント・コネクト）」である（図表9）。

図表9　香港・中国本土との証券相互取引

2014 年 11 月	「滬港通」（上海・香港市場の株式相互取引）
2015 年 7 月	証券投資ファンドの相互販売解禁
2016 年 12 月	「深港通」（深圳・香港市場の株式相互取引）
2017 年 3 月	「債券通・北向通」（香港から本土の債券売買）
2021 年 9 月	「債券通・南向通」（本土から香港市場で債券売買）
2021 年 10 月	「理財通」（大湾区内で金融商品の相互投資）

（出所）香港証券取引所市場統計から筆者作成

　林鄭月娥行政長官は香港が，①人民元国際化②国内企業への資金調達多様化③理財通など資産管理④リスク管理⑤緑色発展推進——という5つの役割を果たすことで国家の発展に貢献すると述べたように[3]，香港の金融の方向性は中国が何を求めるかによる。

　また香港金融管理局が発表した「金融科技 2025（FinTech2025）」では，より具体的に，①銀行のデジタル化推進②中央銀行のデジタル通貨（e-HKD）発行に向けた準備③データインフラのアップグレード④フィンテック人材バンク拡充⑤サンドボックスの強化——など，フィンテック・エコシステムの形成を挙げている。

　習近平指導部が脱炭素政策を推進する中，香港政府も国際的なグリーン・ファイナンスセンターの方向性を打ち出している。2020 年には香港市場でグリーンボンド（環境債）120 億ドルが発行された。香港政府も 18 年から環境債発行計画を打ち出し，21 年には米ドル，ユーロ，人民元建てで相次いで発行した。また，環境債発行に係わる外部機関の認証取得などの経費を補助する枠組みも 21 年5月に創設し，「グリーン金融のハブ」をめざそうとしている。

3.3　広東省と一体化した「大湾区発展計画」

　1980 年代に改革開放路線が本格化して以来，香港の製造業は隣接する広東省珠江デルタに生産拠点を移し，1つの経済圏が形成されていった（当時，日

本では「華南経済圏」と呼ばれた）。香港が本社機能，珠江デルタは生産現場という両者の関係は，2010年代に入って大きく変化する。深圳市はイノベーション都市に変身を遂げ，域内総生産の規模でも18年に香港を超えた。13年に提起された「一帯一路」構想を契機に香港，マカオと珠江デルタの一体化発展も15年あたりから中国側で検討されるようになり，17年3月の全人代で「粤港澳大湾区都市群発展規画」制定の方針が打ち出された。同年7月の香港返還20周年には習近平国家主席が香港を訪問，国家発展改革委員会と香港，マカオ，広東省政府の4者が大湾区建設推進の協議書を締結した。

　2019年2月，党中央・国務院という高いレベルで「粤港澳大湾区発展規画綱要」が公布され，同区内での一体化構想が始動した。その直後から香港では逃亡犯条例改正案に端を発した混乱が生じたが，中央から見た香港問題の深層は不動産高騰が放置されるなど若者の間に経済的な閉塞感が生じていることだった。そのため，香港域内だけではなく大湾区をフロンティアとして解決策を示し，香港の若者に本土との一体化メリットを実感させる必要があった。

　2019年8月，党中央と国務院が「深圳の中国特色社会主義先行モデル区建設を支持する意見」を発出。1年後の20年10月，特区40周年の祝賀行事に合わせて習氏が深圳を訪問し「大湾区建設の重要なエンジン」と称賛，同モデル区総合改革試行方案（2020～25年）が公布された。19年8月に「意見」が発出された時には混乱する香港に対するけん制との見方もあったが，長期的な視点で発出された深圳に対する支援・育成策と考えた方がよい。同方案によって深圳には全40項目の自主権が一括賦与され，その中には人工智能（AI），自動運転，ビッグデータ等の領域で全国に先駆けた試みを可能にする内容も含まれているからだ。

　その後，2021年9月にはやはり党中央と国務院が「前海深港現代サービス業合作区改革開放方案（前海方案）」「横琴粤澳深度合作区建設総体方案」を相次いで発出，深圳（前海）と香港，珠海（横琴）とマカオの一体化を急ピッチで進行させている。特に前海については，習氏が総書記就任後自ら3回も訪問していることから分かるように期待度は高い。前海方案により，合作区の面積は約15平方キロメートルから約120平方キロメートルへと一気に8倍に拡大され，香港の1割以上という規模になった。内容的にも金融や法律サービスの

図表10　大湾区発展計画の対象地域

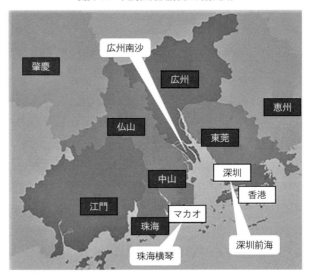

図表11　大湾区の規模

	大湾区	東京首都圏
面積	5.6万km2	3.7万km2
人口	8,600万人	4,400万人
GDP（2020年）	1.67兆ドル	1.8兆ドル
1人当たりGDP	約2万ドル	約4万ドル

（出所）香港政府資料から筆者作成

対外開放拡大，サービス貿易自由化など香港の機能と競合する領域が中心となる。

　大湾区の建設が加速する中で，香港もビジネスエリアを深圳に接近せざるをえない。林鄭長官は2021年10月，施政報告の中で「国家発展大局への融合」を前面に押し出し，「北部都会区」建設構想を打ち出した。東西に長い深圳との境界一帯300平方キロメートルに職・住・リゾートを建設し，20年後に250万人が居住，隣接する深圳との密な往来を想定する。これまで新界原住民の権利が尊重され未開発だった地域を活用して不足する住宅建設が行われる。中国への依存に活路を求める香港経済にとって，大湾区構想の中でどのような役割を担うことができるのかが問われる局面になっている。

4．小　　括

　1997年の返還後50年間の「一国二制度」を約束された香港には，香港基本法（1990年制定）で2つの宿題が課されていた。1つは国家安全法制の制定（第23条），もう1つは行政長官の普通選挙による選出（第45条）だった。前者が実行されないことを危険視する中央政府と後者の早期実現を要求する香港市民（民主派）の板挟みとなった香港政府はもとより統治能力を欠いており，雨傘運動，そして逃亡犯条例改正案に端を発した大混乱へとつながった。

　返還後20年の試行錯誤を経て3者（中央，香港市民，香港政府）のバランスは大きく崩れ，2019年の混乱を機に危機感を抱いた中央政府が一国二制度下の仕切り直しを決行したのが国安法導入以来の流れである。弱体化した香港政府に代わって統治体制を大きく中国に引き寄せ，「一国」への収斂を進める。

　一方で「二制度」は維持し，それを最大限活用したいのが中国の考え方である。すなわち，国内ではなお代替できない金融センター機能や各種高度なハブとしての役割は，香港が内地に協力して発展することが望ましい。また香港の抱える経済の行き詰まりや民生問題を香港単体で解決するには限界があり，国内との融合の中で解決しようというのが大方針である。

　中国共産党のナラティブ（物語）で言えば，2047年の返還50周年は2049年の建国100周年の中で党の偉大な事業であり，香港は祖国の一員として貢献，繁栄していなければならない。国家計画に組み込まれて国家繁栄の一翼を期待される香港だが，独自の輝きを放つのか，深圳を中心とする大湾区の一都市となっているのか，一国二制度の後半25年にかかっている。

［注］
1　在香港日本国総領事館，ジェトロ香港事務所および香港日本人商工会議所（2022年1月）「第9回 香港を取り巻くビジネス環境にかかるアンケート調査」。
2　香港政府統計処「2021年有香港境外母公司的駐港公司按年統計調査報告」。
3　北京で開かれた金融フォーラム（2021年6月20日）でのビデオメッセージ。

［参考文献］
香港政府「香港営商環境報告」（2021年9月）　https://www.hkeconomy.gov.hk/chs/pdf/Business_report_sc_2021.pdf

香港政府統計処「2021 年有香港境外母公司的駐港公司按年統計調査報告」（2021 年 10 月） https://
www.censtatd.gov.hk/en/data/stat_report/product/B1110004/att/B11100042021AN21B0100.pdf
粤港澳大湾区 https://www.bayarea.gov.hk/tc/home/index.html

〈BOX：台湾，「最後の一線」越えず中国と対峙〉

　中国と米国の対立が長引くなか，台湾を巡る緊張が高まっている。台湾を自国の一部と見なす中国の習近平指導部が軍事力を誇示して統一攻勢を強める一方，2021年1月に発足したバイデン米政権が日本や欧州も巻き込んで，台湾当局を背後から支える構図だ。台湾独立を志向する民主進歩党（民進党）の蔡英文政権は米国などと連携しつつ，中国がより強硬な手段に訴えかねない「最後の一線」は踏み越えずにギリギリで対峙している。

　「台湾と米国の関係は引き続き安定しており，米国の政権交代の影響を受けていない」。蔡総統は2021年2月，春節（旧正月）休み入りを前にこんな談話を発表した。米台関係の安定を示す事例として，同1月のバイデン大統領の就任式に台湾の駐米代表（大使に相当）が1979年の米台断交以降，初めて招かれたことや，新任の米国務長官と国防長官が議会証言で台湾との実務協力を続ける意向を示したことを挙げた。

　台湾当局は1949年に中台分断が固定化されて以降，断交を経ながらも米国を安全保障上の後ろ盾として中国の統一攻勢をしのいできた。直近では，トランプ政権末期の2020年8月に現職閣僚（厚生長官）の訪台を6年ぶりに受け入れ，半導体の供給不足解消を巡る当局間対話なども頻繁に開いた。しかし台湾の識者の間では，外交経験に乏しいトランプ大統領（当時）が台湾を中国との取引材料に使っているとの見方も根強く，「米国が中国に融和的な民主党へと政権交代すれば，はしごを外されかねない」との声も上がっていた。

バイデン米政権とも連携を維持

　「蔡談話」はバイデン政権の台湾政策への安心感を示したものだ。2021年4月にはバイデン氏が派遣したアーミテージ元国務副長官ら米代表団と会談し「米国など理念の近い国々とともにインド太平洋地区の安定・平和を守りたい」と表明。実務外交のパイプを再確認した。

　蔡政権は並行して，米国の友好国との関係も強化した。中国の覇権的な動きへの警戒が広がる欧州からは，欧州連合（EU）の欧州議会やリトアニアなどバルト3国の国会の議員団の訪問を受け入れた。中国による嫌がらせで調達難に直面していた新型コロナウイルスのワクチンについては，日本から無償で供与を受け

た。蔡氏は自身のツイッターに「言葉では言い尽くせないほど感謝しています」
と日本語で投稿した。

アーミテージ氏（左から 2 人目）ら米代表団と会談した蔡英文総統（同 3 人目）＝台湾総統府提供

　台湾と米国・友好国との連携に対し，中国は不快感を強めている。習氏は
2021 年 7 月に開いた中国共産党の創立 100 周年式典などで「台湾問題を解決し，
祖国の完全な統一を実現することは共産党の歴史的任務」と繰り返し発言してい
る。20 年夏以降は，台湾の防空識別圏に軍用機を侵入させる威嚇を常態化させ，
米日英など 6 カ国が 21 年 10 月上旬に台湾東方沖で共同軍事訓練を行った直後に
は，1 日で延べ 56 機も送り込んでみせた。

　では，台湾海峡情勢が 2022 年以降，さらに緊張し，中台の軍事衝突へと発展
する可能性はあるのか。中国や米国の内政など変動要因は多いが，台湾の動きに
限ってみると，90 年代の民主化以降の政治の流れを振り返ればある程度は予測
ができる。

台湾の対外関係を巡る 2021 年の主な動き

1 月	台湾当局が成長促進剤を使った米国産豚肉の輸入を解禁
	バイデン米大統領が就任式に 1979 年米台断交後，初めて台湾の駐米代表を招待
2 月	米艦艇がバイデン政権発足後，初めて台湾海峡を通過
3 月	中国が安全性を理由に台湾産パイナップルの輸入を停止
	米インド太平洋軍司令官が議会証言で，中国が 6 年以内に台湾に侵攻しかねないと発言
4 月	蔡総統がアーミテージ元国務副長官ら米代表団と会談
	日米首脳会談の共同声明で「台湾海峡の平和と安定の重要性」を明記
5 月	WHO 年次総会が中国の意見を受け，台湾のオブザーバーの参加を認めず
6 月	日本が新型コロナウイルスワクチン 124 万回分を台湾に提供
	米議員団が米軍の輸送機で台湾を訪問し，ワクチン 75 万回分を提供すると発表
	G7 首脳会議の共同宣言で初めて「台湾海峡の平和と安定の重要性」を明記
	台湾と米国が「貿易投資枠組み協定」に基づく協議を 4 年 8 か月ぶりに再開
7 月	中国共産党の創立 100 周年式典で，習主席が「祖国の完全統一は歴史的任務」と演説

7月	日本の防衛白書が「台湾情勢の安定は我が国の安全保障にとって重要」と初めて明記
8月	バイデン政権として初めて，台湾に総額7億5000万ドルの武器売却を決定
	バイデン大統領が米国には台湾防衛の義務があると発言し，米高官が直後に訂正
9月	台湾と中国がそれぞれTPPへの加盟を申請
10月	米英日など6カ国が台湾東方沖で空母を使った共同軍事訓練を実施
	一日で延べ56機と過去最多の中国軍機が台湾の防空識別圏に侵入
	習主席が辛亥革命110年の記念大会で「祖国の完全統一は歴史的任務」と改めて表明
	蔡総統が建国記念式典に当たる行事で「我々の主張は（中台の）現状維持だ」と演説
	蔡総統が米CNNのインタビューで米軍が台湾軍の訓練を目的に台湾に駐留していると発言
11月	欧州議会の代表団が初めて公式に台湾を訪問し，蔡総統と会談
	バイデン大統領と習主席がオンラインで初の首脳会談を開くが，台湾問題は平行線に
	台湾が欧州リトアニアに大使館機能を果たす「駐リトアニア台湾代表処」を開設
12月	安倍元首相が台湾シンクタンクのオンライン会合で「台湾有事は日米同盟の有事」と発言
	バイデン政権が「民主主義サミット」に台湾当局を招待
	中米ニカラグアが台湾と断交し，中国と国交回復。台湾が外交関係を持つ国は14に減少
	米国産豚肉の輸入継続などを巡る台湾の住民投票で蔡政権側が勝利

（出所）各種報道などから筆者作成

蔡総統，過去の中台緊張を教訓に？

　直近を除くと，この30年間で中台の緊張が高まった時期は大きく2つある。1つは台湾が国民党の李登輝政権下にあった1995〜96年。中国が台湾近海でミサイル演習を繰り返し，現在では一般に台湾海峡危機と呼ばれる。

　もう1つは民進党が台湾初の民主的な政権交代を果たした2000〜08年の陳水扁政権の時期で，特に陳総統が再選を目指した03年前後だ。中国はあからさまな軍事的威嚇は行わなかったものの，台湾から外交関係を持つ国を着々と奪うなど，国際社会で孤立に追い込もうとした。

　この2つの時期の台湾側の動きには共通点がある。現職総統が明確に，台湾が中国とは別の主権国家であるかのような振る舞い・発言を行ったことだ。李氏は1995年に母校での講演を目的に訪米し，96年には一般有権者の投票による初の総統直接選挙を実現させた。陳氏は2002年以降，台湾と中国が「一辺一国（それぞれ別の国）」という趣旨の発言を繰り返し，いずれも台湾独立の動きと見なす中国の激しい反発を招いた。

　一方で，2つの時期には違いもあった。米国による支持の有無だ。李氏に対しては，米国は民主党のクリントン政権でありながら訪米ビザ発給に応じ，総統選前には2隻の空母を近海に派遣して中国の軍事行動を抑えた。しかし，ブッシュ（子）政権は共和党でありながら，米国との意思疎通なく中国挑発を続ける陳氏

に極めて冷淡で，特使派遣で諌めるなどの措置をとった。陳氏は米国の友好国からの支持も失い，民進党の後継候補が 2008 年の総統選に敗れて下野する一因となった。

蔡氏はこれら過去の中台緊張を教訓としている節がある。米中対立の最前線に立つ局面が続くなか，訪台した米欧日の要人とは積極的に会談し，台湾の立場の説明に努めている。しかし，発言は抑制的であり，コロナ禍もあって自ら求めて外国訪問したりすることもない。建国記念日に当たる 2021 年 10 月の「双十節」の演説では，「我々の主張は（中台の）現状維持だ」と語った。

中国による統一は拒んでいるものの，「台湾共和国の建国」を綱領に掲げる民進党の理念に比べかなり現実的だ。中国が台湾独立と見なしかねない言動は最後の一線として故意に避け，むしろ「人権」「民主」などの価値観を前面に出して米国陣営の理解を得る手法をとっていると解釈できる。

バイデン政権も蔡政権の意図を理解し，台湾支援を中国の最後の一線を越えないよう「寸止め」にしている印象がある。大統領の意を受けた代表団を派遣しながらも，トランプ政権が実行した現職閣僚の台湾訪問には 2021 年時点では踏み込んでいない。21 年 12 月にオンラインで開いた「民主主義サミット」に台湾当局を招いたものの，出席したのはデジタル担当相と駐米代表にとどまり，米国は蔡氏や外交部長（外相）に声をかけなかったとみられる。

現在の中台関係を台湾側から総括すると，米国の了承が得られる範囲で台湾の自主性を主張し，中国をいら立たせているものの，軍事行動の口実は与えていない状況だといえる。そして，蔡政権のこうしたかじ取りを台湾住民はおおむね支持しているようだ。

「ポスト蔡英文」争いが本格化

台湾では 2021 年 12 月，年初に全面解禁したばかりの米国産豚肉の輸入を再び禁止するか否かを最大の焦点とする住民投票 4 件が投開票された。対中融和志向の最大野党・国民党などが提案していた。蔡政権は米台関係ばかりでなく，21 年 9 月に中国を追って正式に申請した環太平洋経済連携協定（TPP）の加盟にも影響を与えかねないとして反対票を投じるよう呼びかけていた。結果は 4 件すべてが却下され，蔡政権が信任された形となった。

台湾の政治大学選挙研究センターが民主化以降，毎年行ってきた政党支持率の

調査でも，2019年以降は民進党が国民党を上回っている。中国がこの時期に香港の「一国二制度」を事実上の崩壊に追い込み，警戒感を強めた台湾住民の支持を蔡政権が手堅く集めた構図といえる。ただ，蔡氏の任期は憲法上の規定により2期8年で終了するため，24年1月投開票の次期総統選は新人候補同士の争いになることが確定している。

台湾の政党支持率の推移（％）

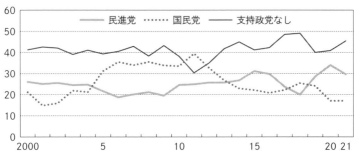

（注）台湾・政治大学選挙研究センター調べ，年末値

　個別の候補者に目を向けると，現時点では次期総統選で民進党が勝つとは言い切れない。台湾ネットメディアの美麗島電子報が2021年12月にまとめた世論調査によると，「次の総統に最もふさわしいのは誰か」との問いで，頼清徳・副総統が30.6％で首位だった。国民党籍で新北市（旧台北県）長を務める侯友宜氏が22.0％で2位につけた。美麗島電子報は民進党寄りとされており，両者の実際の支持率の差はこの調査ほど大きくない可能性が高い。

　内科医だった頼氏は民進党の地盤として知られる台湾南部・台南市の市長を長年務め，行政院長（首相），副総統と経験を積んだ。次期総統選の民進党公認候補に最も近いとされる。一方の侯氏は日本の警視総監に相当する要職を務めた警察官僚出身で，新北市副市長として政界入りしたのは2010年と最近だ。実務能力の高さが評価され，現時点の人気では当時の新北市長として自らを政界にスカウトした朱立倫・国民党主席を大きく上回る。

　台湾では2022年11月に，台北市，新北市，高雄市など6つの直轄市の市長らを一斉に改選する統一地方選挙が予定されている。総統を有権者の直接投票で選ぶ台湾は米国と同様，地方政府の首長経験者が総統へと駆け上がる例が多い。統一地方選は民進党・国民党の二大政党の得票状況だけでなく，「ポスト蔡英文」

の具体的な人選が浮かび上がるという意味でも総統選の前哨戦の意味合いを持ちそうだ。

台湾情勢は 2024 年 1 月以降が大きな岐路に

　中国にとっては，近い将来の台湾統一が現実的ではない以上，次期総統選で国民党が政権に復帰するのが最善のシナリオとなる。台湾は中国の一部だとする「1 つの中国」の原則を条件付きながら受け入れ，習氏との初の中台首脳会談に応じた馬英九政権（2008〜16 年）の再来が望ましい。中国は近年，台湾への強硬手段が民進党の得票を伸ばす結果になることを自覚しており，選挙が近づくと圧力を弱める傾向にある。

　以上の考察を総合すると，台湾海峡では 2022 年半ばまで，米国を後ろ盾とする蔡政権が軍事的な緊張をはらみつつ，習指導部と対峙する。そして年後半に台湾が選挙の季節を迎えると，中国は様子見に転じ，中台関係は一時的に緊張が和らぐ。その間に，台湾問題を解決する意欲が強いとされる習氏が中国共産党総書記の 3 期目に入り，権力基盤を盤石にしていれば，総統選の結果が出る 24 年 1 月以降に，台湾情勢は大きな岐路を迎えるとの読み筋が成り立つ。

（山田周平）

第**9**章

変化する中国の産業構造
——デジタル新興企業，秩序ある低成長に

NTTデータ（中国）投資有限公司チーフストラテジーオフィサー

新川陸一

◉ポイント

▶中国のデジタル技術の進歩は目覚ましい。スマホ決済の広範な普及により多くのニュービジネスが誕生，発展しており，現金を全く使わずに便利な生活が享受可能となっている。新型コロナウイルスの感染拡大下でも，デジタルツールはその力を発揮している。

▶中国のIT（情報技術）業界の発展を振り返ると1990年代後半のインターネット・パソコンの普及後に設立された新興企業が，現在最も勢いがある。中国政府がその発展を先導したというより，背中を押した形である。政策や規制等のイノベーションの環境が他国に比して特に優れていた訳ではない。

▶昨今の政府によるIT企業等への取り締まり強化，中国経済の成長率低下，およびデジタル・イノベーションの小粒化により，これまでの「無秩序な成長」（中国語で「野蛮生長」）から「秩序ある低成長」へと移行しつつある。

◉注目データ ☞ 中国と日本のICT市場の規模

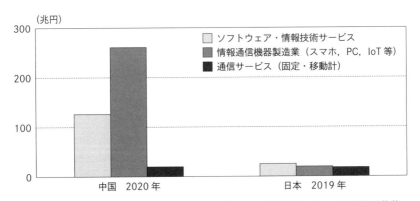

（出所）中国は工業情報化省，日本は総務省の統計から。中国市場は1元＝約15.5円で換算

1．躍進する中国のデジタル技術

　中国のデジタル技術の進歩は目覚ましい。日常生活でも仕事でも政府関係の手続きでも，デジタルは社会に広く浸透している。多くの人にとって，紙幣やコインといった現金を全く使わない生活が当たり前となり，スマホがない生活は考えられないほどとなっている。

1.1　コロナ感染下で活躍するデジタルツール

　2020 年に世界で感染が広がった新型コロナウイルスの対策に，中国ではデジタル技術がその力を発揮している。

　コロナ対策のためのデジタルツールとして，スマホのミニプログラムを 2 つ紹介したい。1 つは，「健康宝」。北京市内では建物や店舗に入る際，入口において，掲示された QR コードを自分のスマホで読み取ると，このミニプログラムの画面上に「異常なし」の緑の文字が表示され，これを警備員等に見せて，体温を計測のうえ入店することとなっている（写真）。北京以外でも地域によってミニプログラムの仕様や名称がやや異なるが，概ね同様のものが利用されている。

　もう 1 つは「行程カード」だ。地域間を移動する鉄道等に乗車する際やホテルでのチェックインの際に提示を求められ，過去 2 週間以内に所在した場所の中に，感染者が発現した「高」または「中」リスク地域が含まれていないかを表示する。含まれていなければ，緑色が表示され問題はないが，含まれている場合は画面に赤色または黄色が表示され，通行や宿泊等が認められない場合がある。

　このようなスマホのミニプログラムにより，感染リスクが低いことを証明しなければ入店・通行・宿泊等ができない仕組みとなっている。現在の中国ではスマホのプログラムとしては，事前のダウンロード，スマホ内の保存容量消費，およびアップデートが必要となる「アプリ」よりも，必要な時だけダウンロードして使用し，使い終わったら消してしまうというミニプログラム（ミニアプリとも言う）の方が主流となっている。

写真1　コロナ対策でも力を発揮するデジタルツール

（出所）2021年11月，北京市内にて筆者撮影

1.2　コロナ以外のデジタルツール

　新型コロナ対策以外でも，様々な分野でデジタルツールが活躍している。ま
ず，オンラインショッピングでは，今やほとんどの商品がスマホを通じて購入
できるようになっている。肉や魚，野菜などの生鮮食品も，スマホのミニプロ
グラムを利用して注文・支払いを済ませると，自宅まで最短で30分程度で品
物が届く。ちょっとしたスーパーマーケットより新鮮で割安なものを購入する
ことができる。農村の農産物を現地からライブで宣伝して販売する「ライブ直
販」も大流行しており，政府が目指す農村の「脱貧困」に大きく貢献してい
る。

　オンラインでの買い物が容易なのは，後述するスマホ決済が社会インフラと
して普及していることが大きい。従来から使用されている地図アプリも，北京
では最近，路線バスの到着時間や混雑度合などが表示される機能が加えられ
る，といった進化が見られる。

　インターネットに接続したハードウエア，IoT も進歩が見られる。IoT 関連
の商品は多岐にわたるが，消費者関連で最近，目に付いたものを2つ紹介する
と，まずスマホと電気スタンドを組み合わせたような子供の学習支援機能の付
いた電気スタンド（「スマート学習ライト」）がある。これは，漢字の読み方や
書き順指導，英語のリーディングの採点などのほか，遠隔地に居る親が子供の
学習状況を映像で監視して声をかけることもできるものである。血圧や血糖値
等の健康データを記録のうえ，医師とシェアして面談することや，常用薬の購

入注文もできる多機能の AI スマートスピーカー（「家医守護星」）なども発売
されている。

2．産業構造の変化と ICT の伸長

　日常生活の中でデジタル技術の進歩と普及を感じることの多い中国に関し
て，マクロ的な視点から，デジタルや ICT（情報通信技術）の発展の状況を
見ることとしたい。

2.1　産業構造の変化

　産業構造の変化に関しては，国民所得の増加につれて産業構造，労働者構成
が第一次産業から第二次産業，さらに第三次産業へと比重を移していく「ペ
ティ＝クラークの法則」が有名である。これを中国に当てはめて見ると，国
内総生産（GDP）の構成比は法則の通りに見えるが，労働者数（ここでは就
業者数）の構成は必ずしもその通りではない（図表1）。

図表1　名目 GDP 金額と就業者数の産業別構成比率

	名目 GDP 金額比率（%）			就業者数比率（%）		
	1980 年	2000 年	2020 年	1980 年	2000 年	2020 年
第一次産業	30	↘ 15	↘ 8	69	↘ 50	↘ 23
第二次産業	48	↘ 45	↘ 38	18	↗ 23	↗ 29
第三次産業	22	↗ 40	↗ 54	13	↗ 27	↗ 48

（出所）中国国家統計局

　第二次産業に関して，名目 GDP 金額の比率は減少しているが，就業者数の
比率は増加している。これは，第二次産業にはパソコンやスマホといった情報
通信機器等の製造業も含まれていることから，デジタルの発展とともに今日で
も第二次産業も雇用を吸収し続けていることが，背景の1つにあるものと推察
される。

2.2　ICT の伸長

　次に，ICT 産業の発展状況をみてみたい。図表2は中国の ICT 市場（ソフ

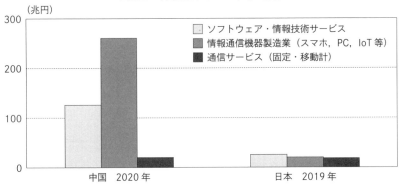

図表2　中国と日本の ICT 市場の規模

(出所) 中国は工業情報化省，日本は総務省の統計から。中国市場は 1 元＝約 15.5 円で換算

トウェア・情報技術サービス，情報通信機器製造業，通信サービス）の規模
を日本と直近データにより比較したもので，中国の合計規模は日本の 7 倍近く
に及んでいる。さらに特徴的な差異として，中国は引続き「世界の工場」らし
く，情報通信機器製造業がソフトウェア・情報技術サービスの約 2 倍の規模
となっているが，日本は逆に同製造業の規模が同サービスの規模を下回ってい
る。日本の同製造業の規模は 2000 年には約 40 兆円あったが，現在ではその半
分以下に縮小している。生産拠点の海外移転などが背景にあるものと見られ
る。

2.3　インターネットとスマホ決済，デジタル人民元

　中国における ICT 市場規模の拡大は，インターネットユーザーの増加に支
えられている。情報工業化省傘下の中国インターネットネットワーク情報セン
ターが半年に一度，インターネットのユーザー数等に関する推計データを公表
している。2021 年 6 月時点データを見ると，中国のインターネットユーザー
数は 10 億 1000 万人と，初めて 10 億人の大台を超えた。このうち，99.6％が
スマホを通じてインターネットにアクセスしており，スマホを使わずにパソコ
ン等のみでアクセスしている人は極めて僅かということになる。
　ほとんどのインターネットユーザーが日本の LINE に相当する「ウィー
チャット」などの「インスタント通信」を利用している。さらに，スマホ決済

図表3　中国のインターネットユーザー数

	2013 年 12 月	2021 年 6 月
全インターネットユーザー数（億人）	6.2	10.1
うちスマホによるユーザー比率（%）	81	99.6
インスタント通信（ウィーチャットなど）ユーザー数（億人）	5.3	9.8
オンライン支払ユーザー数（億人）	2.6	8.7

（出所）中国インターネットネットワーク情報センター「中国インターネットネットワーク発展状況統計報告」

などの「オンライン支払い」のユーザーも 8 億 7000 万人に達しており，同センターの HP で参照できる一番古いデータである 2013 年 12 月時点に比べ，約 3 倍のユーザー数となっている（図表3）。

　中国のスマホ決済は，アリババ集団傘下のアント・グループが提供する「支付宝（アリペイ）」と，騰訊控股（テンセント）が提供する「ウィーチャットペイ」の寡占状態にある。この 2 つが使えれば，中国のほとんどの場所で現金を全く使わずに支払いができる。

　公表されているデータを換算して比較すると，中国のオンライン決済のユーザー数は日本の 20 倍以上，同決済金額は日本の 40 倍以上と推計される。

　中国人民銀行は正式な発行を目指して「デジタル人民元」の実験を進めている。デジタル人民元には，アリペイやウィーチャットペイにはない機能として，①インターネットに接続していない（フライトモード等の）環境でも支払い可能，②銀行口座がなくても利用できる，③スマホがなくても専用の機器「ハードウォレット」があれば利用できる——などがある。デジタル人民元が人民元の国際化等に貢献するか否かは，当局による資本規制の緩和次第である。

3．IT 新興企業の盛衰

　中国の IT 企業には国有企業，民間企業，外資企業など様々な企業形態のものがあるが，新興企業という語は相対的な概念であり，必ずしも厳密な定義が存在する訳ではない。筆者が理解するところでは，インターネット・パソコンが普及した 1990 年代末期以降に設立された企業（外資企業を除く）を一般的

に新興企業と呼ぶことが多いように思われる。ここでは，その新興企業に関して，スマホが普及した 2010 年頃を境に 2 つのグループに分けて論じることとしたい。

3.1　IT 産業発展のあゆみ

　中国は 1970 年代末に改革開放路線に舵を切って以降，本格的な発展が始まった。それ以降，1990 年代前半までに設立された企業は，基本的な IT 機器の供給や社会インフラ（ハードウェア・ソフトウェア）の整備等に貢献した企業が多い。国有企業を含めて政府資本の入っている企業も少なくないほか，IBM やオラクルに加え，多くの日本企業もこの時期に中国政府の歓迎を受けて中国に進出した。

　1990 年代後半にインターネットおよびこれに接続したパソコンが普及し，世界は大きく変わることとなる。この時期に，インターネットを活用したニュービジネスに挑む新興企業が続々と誕生した。アリババの電子商取引（EC）やテンセントの SNS ツールである「QQ」は，インターネットの利点を活かしたホームラン級のイノベーションと言えよう。テンセントおよびアリババを中心に，今日の中国において最も勢いのある IT 企業は総じてこの時期に設立された企業が多い（図表4）。

　その後，2010 年頃にスマホが普及し，これをベースとした多くの新興企業が設立され，デジタル・イノベーションが誕生した。中でも，リモートで代金支払いができるスマホ版の「アリペイ」，および「QQ」が進化した SNS ツールである「ウィーチャット」，そしてそのスマホ支払い機能である「ウィーチャットペイ」はこの時期に広く普及したホームラン級のイノベーションと言えよう。これらにより，手元のスマホによりリモートで資金決済が簡単にできること，および多くの人との間で文章や写真，音声等が簡単にやり取りできることにより，様々なニュービジネスが生まれた。

　ただし，2010 年代半ば頃から，デジタル・イノベーションは徐々に「小粒化」し，中でもこの時期に誕生した多くのシェアエコノミー・ビジネスは結果的にほとんど成功しなかった。

図表4 中国の主なIT企業（カッコ内は設立年）

Ⅰ. 1990年代半ば以前 （伝統的IT企業）		Ⅱ. 1995〜2009年 （新興IT企業①）		Ⅲ. 2010年以降 （新興IT企業②）
▽IBM中国（1979） ◎◇中軟（1980） ◇インスパー（1983） ◎◇レノボ（1984） ◎◇ZTE（1985） 華為技術（1987） ◎キングソフト（1988） ◎用友（1988） ◇中国電子信息（1989） ▽オラクル中国（1989） ◎◇ニューソフト（1991）	ネット・パソコン普及（90年代後半）	▽マイクロソフト中国 　（1995） ◎網易（1997） ◎<u>テンセント（1998）</u> ◎京東（1998） ◎捜狐（1998） 新浪（1998） ▽アクセンチュア中国 　（1998） ◎<u>アリババ（1999）</u> ◎シートリップ（1999） ◎百度（2000） ◎◇ハイクビジョン（2001） ◇中国電子科技（2002） ▽アマゾン中国（2004） OPPO（2004） 58同城（2005） 奇虎360（2005）	スマホ普及（2010年頃）	◎小米（2010） ◎美団（2010） vivo（2011） ◎快手（2011） 滴滴出行（2012） バイトダンス（2012） 小紅書（2013） ◎虎牙（2014） ◎ピンドゥオドゥオ（2015） シェアエコノミー企業 　（2014〜17）

(注) ◎は上場企業，◇は国有企業を含む国有資本企業，▽は外資企業，無印は非上場の民間企業
(出所) 各種公表資料より筆者が整理したもの

3.2 主要IT企業の業績

　主なIT企業の2020年業績（売上と営業利益）を見ると，1990年代初期以前に発足した企業の中にも華為技術（ファーウェイ）やレノボのように大きな売上を計上している先もあるが，テンセントとアリババに代表される95〜2009年発足の新興企業がインターネットで培った技術をベースにスマホを活用し，特に大きな売上と利益を上げているように見える。

　2010年以降の新興企業の中には，未だ発展のための投資を継続していること等から利益が出ていない企業もある（図表5）。

3.3 シェアエコノミー企業の不振

　スマホが普及した2010年頃以降に設立された企業の中で，スマホ決済を活用したシェア自転車，シェア自動車，シェア傘，シェア衣装，さらに変わった

図表5　主要 IT 企業の 2020 年売上・営業利益（億元，カッコ内は前年比増減）

	社名	売上		営業利益	
Ⅰ．1990 年代初期以前に発足した企業	中軟	74	(27%)	2	(39%)
	レノボ	4,191	(20%)	150	(52%)
	ZTE	1,015	(12%)	55	(▲28%)
	華為技術	8,914	(4%)	725	(▲7%)
	キングソフト	56	(28%)	19	(83%)
	用友	85	(0%)	11	(▲20%)
	ニューソフト	76	(▲9%)	▲1	(──)
	中国電子信息	2,479	(11%)	39	(20 倍)
Ⅱ．1995〜2009 年に発足した企業	テンセント	4,821	(28%)	1842	(55%)
	京東	7,458	(29%)	123	(37%)
	アリババ	6,442	(32%)	1045	(12%)
	百度	1,071	(0%)	143	(127%)
	ハイクビジョン	635	(10%)	152	(11%)
Ⅲ．2010 年以降に発足した企業	小米	2,459	(19%)	240	(104%)
	美団	1,148	(18%)	43	(62%)
	快手	588	(50%)	▲103	(──)
	滴滴出行	1,417	(▲8%)	▲138	(──)

（注）レノボに関しては，人民元金額が公表されていないため，公表された米ドル金額を筆者が人民元に換算。アリババは公表された四半期決算より筆者が 2020 年間値を算出。2020 年平均レートは 1 元 ≒ 15.5 円
（出所）各社財務資料等より筆者が整理

　ところではシェアバスケットボール等の「シェアエコノミー」を運営する企業も 2014〜17 年頃に多数設立された。しかし，これらの企業のビジネスは総じてうまくいかず，21 年に正常な経営活動を継続しているところはほとんどない状況である。
　シェアエコノミー企業に共通して見られる点としては，新たなビジネスを始めてしばらくはシェアを獲得するために採算度外視で値下げ競争を展開するため収入が上がらない一方，ユーザーは他人とシェアして使うものを大事に使わないため，メンテナンス等のコストが嵩むことから，損失が拡大し投資家が離れていくというパターンが目立つ。全体としては，中国のデジタルの進歩は目

覚ましいが，その陰には多くの新興企業の失敗が存在している。

４．中国政府の影響

　中国におけるデジタル技術の発展に関して，政府の果たした役割や影響はやや複雑なものがある。必ずしも政府がデジタルの発展を先導した訳ではなく，新たに誕生し発展の過程にある IT 企業を政策面から支援した形と見られる。このところは政府による IT 企業等に対する取り締まりの強化が目立ってきている。

4.1　中国政府による支援政策

　2000 年以降の中国政府による主な IT 関連政策を振り返ると（図表6），まず 2000 年には「ソフトウェア産業・IC 産業」の振興に力を入れ，11 年にも

図表６　中国政府の主な IT 関連政策（2000 年以降）

時期	主な出来事・政策等
2000 年 6 月	国務院「ソフトウェア産業・IC 産業発展奨励のための若干の政策に関する通知」
2009 年 4 月	「電子産業調整振興計画」（※リーマンショック対策もあって ICT〈ハード・ソフト〉産業振興）
2011 年 1 月	国務院「ソフトウェア産業・IC 産業のさらなる発展奨励のための若干の政策に関する通知」
2014 年 2 月	「ネットワーク強国戦略」（国家ネットワーク安全・情報化指導小組発足）
2015 年 1 月	国務院「クラウドイノベーション発展の促進と情報産業新業態の育成に関する意見」
2015 年 3 月	「インターネットプラス」，「中国製造 2025」（全人代における政府活動報告）
2015 年 7 月	国務院「インターネットプラス行動の積極的推進に関する指導意見」
2015 年 8 月	国務院「国家ビッグデータ戦略」（「ビッグデータ発展促進行動綱要」）
2017 年 7 月	国務院「新世代 AI 発展計画」
2018 年 12 月	中央経済工作会議「AI，IoT 等の新型インフラ建設の加速」
2020 年 7 月	国務院「新たな時期において IC 産業・ソフトウェア産業の高品質な発展を促進するための若干の政策に関する通知」
2020 年 11 月	国務院「老人のスマート技術利用困難を解決するための通知」

（注）下線は筆者による
（出所）中華人民共和国中央人民政府 HP 等より筆者が整理

同産業の振興のための通知を発出している。これは，同産業が発展していると
は言え，中国政府がその発展状況に決して満足していない（さらに発展するこ
とを目指している）ことを示している。

　さらに 2020 年には，この 2 つの産業の順番を「IC 産業」を前にするかたち
で変更したタイトルの通知が発出されており，特に「IC 産業」の発展に満足
していないことがうかがわれる。政府は IC 産業に対してかなり以前から力を
入れており，大きな発展を遂げていることも事実ながら，ハイエンドの IC は
未だ国産比率が低く，輸入に依存せざるをえない状況にある。

　2014 年には「ネットワーク強国戦略」が打ち出されているが，この背景と
しては前年の「スノーデン事件」の影響が大きい。これは，米国の情報部門の
元職員であるスノーデン氏が 13 年 6 月，香港においてメディアに対し，米国
の IT 会社の協力を得て中国や日本等の外国政府に対して盗聴等の情報収集活
動を行っていたことを暴露したもので，中国政府が海外の IT に対して警戒感
を強める契機となった。

　この後，クラウド，インターネットプラス，ビッグデータ，AI（人工知
能），IoT など，IT 関連の政策が続々と打ち出されている。デジタル化の流れ
についていけない高齢者への配慮等を求める政策も 2020 年に打ち出されてい
る。

　これらの政策は中央政府によるものであるが，これを受けて各地の地方政府
は自己の管轄地域における具体的な政策や事業を打ち出し，同地域で対象事業
を営む企業に対して補助金の交付等の優遇措置を実施することとなる。

　5 カ年計画の基本文書である「綱要」（正式には「中華人民共和国国民経済
と社会発展 5 カ年計画綱要」）において，デジタル関連用語の登場回数を見る
と，登場回数の多寡に政府によるその時々の重視の度合が反映されていると考
えられる（図表 7）。

　1990 年代後半にインターネットおよびそれに接続したパソコンが広範に普
及し，新興企業による新たなビジネスが続々と誕生した。こうした状況を受け
て 2001 年に制定・開始された第 10 次 5 カ年計画では，「信息（情報）」および
「創新（イノベーション）」の登場回数が大幅に増加している。

　2010 年頃にスマホが急速に広く普及し，関連ビジネスが続々と生まれてい

図表7　5カ年計画「綱要」でのデジタル関連用語の登場回数

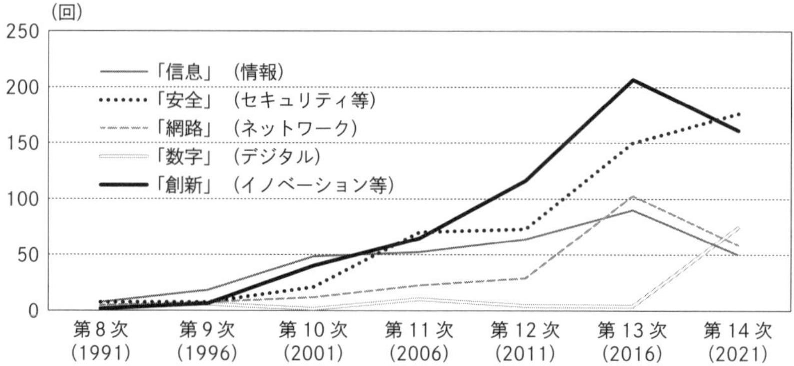

(注) 目次・図表・コラム内の語数は除く。カッコ内の数字は5カ年計画の開始年
(出所)「中華人民共和国国民経済と社会発展五か年計画綱要」の本文より筆者作成

た時期の第12次計画においても,「創新(イノベーション)」の登場回数が突出して増加している。さらに, 21年の第14次計画では, 世界的なデジタル化の流行を反映して,「数字(デジタル)」に関して専門の1章が設けられ, この語の登場回数の増加が目立っている。

　こうした点を見ると, 中国のITやデジタル・イノベーションの発展は, 政府が何もない状態から先導した訳ではなく, 社会の中でITの発展やデジタル・イノベーションの機運が盛り上がって来たところで, 政府がその背中を押すようなかたちのサポートを行ったとみることができよう。

　スノーデン事件(2013年)の直後の第13次計画では,「安全(セキュリティ)」および「網絡(ネットワーク)」の急増も目立っている。

4.2　イノベーションの環境と成果

　中国のイノベーションの環境と成果を評価するうえで, WIPO(世界知的所有権機関)が約130の国・地域に関するイノベーションの環境と成果を順位付けし, 毎年公表している「グローバル・イノベーション・インデックス」が参考となる(図表8)。

　これによると, 過去10年間で中国も日本も総じて順位を上げているが, 両国を比較すると相対的に, 中国はイノベーションの「成果」の順位が高く, イ

図表8　グローバル・イノベーション・インデックスにおける順位

	中国		日本	
	2011年	2021年	2011年	2021年
グローバル・イノベーション・インデックス（総合）	29	12	20	13
イノベーション環境（インプット）	43	25	18	11
政治・規制・ビジネスの環境	98	61	20	7
人的資本（教育），R&D	56	21	20	20
インフラ（ICT，電力，物流），環境・省エネ	33	24	13	9
市場洗練度（与信・投資・関税・競争）	26	16	19	15
ビジネス洗練度（労働者資質，産学協同）	29	13	14	10
イノベーション成果（アウトプット）	14	7	26	14
知識・技術（特許，ソフトウェア，ハイテク製品）	9	4	13	11
創造性（ブランド，ハイテク輸出，ネットサービス）	35	14	65	18

（注）順位は，少ない値の方が高い順位を示している
（出所）WIPO公表の"Global Innovation Index"2021および2011

ノベーションの「環境」，特に「政治・規制・ビジネスの環境」に関して，透明性の欠如等により順位が低いようである。一方の日本はイノベーションの「成果」よりも「環境」の順位が高い。中国に関して，政府による政策や規制等といった環境は，世界的に見ると決して高い順位にある訳ではないが，それにも関わらずイノベーションの「成果」は比較的高い順位にあるのは，この指標に含まれていない別の要素があるからではないか。

　この要素に関して，筆者の経験と見聞から推察するところでは，中国の人は「独立して起業したい。起業して成功したい」という意欲が相対的に強いことが背景にあるのではないかと思われる。また，改革開放以降，長く高成長が続いて来たこともあって，「独立して起業すれば成功できる」と信じさせる社会の雰囲気があるようにもうかがわれる。

4.3　政府による取り締まり強化

　しかし，中国政府は2020年秋以降，IT企業等に対する取り締まりを強化している（図表9）。特に目立つのは①アリババに対するグループ会社（アント・グループ）の上場延期や巨額の罰金②配車サービス大手の滴滴出行（ディディ）に対する行政指導や各種審査③デリバリー大手の美団に対する巨額の罰金や行政指導――などであるが，これ以外にも貨物輸送サービス企業や学習

図表9 最近の中国政府による取締措置と関連の主な出来事

2020 年 11 月	アリババ傘下のアント・グループによる上海・香港同時上場の延期
2021 年 4 月	アリババに対して，独禁法違反行為により約 3000 億円相当の罰金
5 月	オンライン教育 2 社に対して，虚偽の広告により各約 4000 万円相当の罰金
5 月	滴滴出行，美団出行などの配車サービス 10 社に対して，事情聴取，行政指導
6 月	学習塾・英語学校等 15 社に対し虚偽の広告により各約 3 ～ 4000 万円相当の罰金
6 月	滴滴が NY 証券取引所に上場
7 月	滴滴に対しアプリによる個人情報不法収集に関する改善を命令
9 月	美団，滴滴，アリババ，テンセント等に対し，不当労働行為により行政指導
10 月	美団に対して，独禁法違反行為により約 600 億円相当の罰金
11 月	テンセント，アリババ等の過去の出資・合弁会社設立等に関する独禁法上の未報告 43 件に関して罰金（一件約 900 万円相当）

（出所）中国政府関係部門 HP より筆者が整理

塾・英語塾等の教育企業など，幅広い業種の企業が，従来は罰せられなかった行為に関して，罰せられる事例が相次いでいる。

　取り締まりが強化されている分野としては，独占禁止法違反が最も目立つが，これ以外にも，労働法違反や個人情報・ネットワークセキュリティの問題にも及んでおり，政府のいずれかの一部門の方針転換ではなく，政府全体の方針として，取り締まり強化の方向に舵を切ったものと見られる。

　取り締まりが強化された背景に関して，中国当局から具体的な説明はないが，筆者が北京における見聞と交流から理解するところでは，新型コロナの流行により経済がマイナスの影響を受け，多くの中小企業や労働者等が苦境に陥った中で，こうした人々が従来から抱いている大手ネット企業や教育企業等に対する苦情や不満を政府が無視できなくなったというものである。

　こうした主な苦情や不満を大きく分類すると，①プラットフォーマー企業がその支配的な地位を利用して出店者や顧客に不利な扱いをするもの②プラットフォーマー企業が運転手や配達員等の労働者を搾取するもの③教育企業等が顧客を騙すようなことをするもの——が目立っている（図表 10）。

　やや変わったところでは，アリババ等のプラットフォーマー企業がビッグデータ技術を利用して，常連客に高い値段で売りつける行為（中国語で「大数据殺熟（ビッグデータ常連殺し）」といったものも見られる。少々高い値で売っても常連客は購入を継続してくれることに基づいたものである。2021 年11 月から施行された個人情報保護法でこうした行為は禁止されることとなっ

図表 10　IT 企業等に関する主な苦情や不満

アリババ等 EC プラット フォーム	・サイトへの出店費用が高すぎる。販売不芳の際のリスクは出店者に負わせる ・ビッグデータを利用して常連客に高い値段をつける ・出店者に対して，ライバル企業のサイトに出店しないよう強要する
テンセント等 ゲーム・娯楽業	・提供するゲームが未成年者に悪影響を与えている（長すぎるゲーム時間による 健康問題，課金の累積等） ・音楽著作権等に関して独占的な行為を行っている
滴滴出行等 配車サービス業	・運転手から徴収する手数料が高すぎる（一件 30％との指摘もある） ・運転手に対する要求（車両条件，サービス等）が厳しすぎる ・個人情報の取得に問題がある
美団等 デリバリー業	・配達要員に厳しい労働条件を強いている。社会保険等に加入させていない ・飲食店等に対して，ライバルプラットフォームに掲載しないよう要求する
教育企業	・教師の経歴・質，学習条件（「1 対 1 の指導」など），割引価格等に関して虚偽の 広告で顧客を勧誘する

（出所）各種報道等より筆者が整理

た。

5．おわりに〜「秩序ある低成長」へ

　政府が IT 企業等に対する取り締まりを強化していることは，これまでのように成長のためなら少々目をつぶるという「無秩序な成長」から「秩序ある成長」への転換を促しているように見受けられる。中国経済が成長率の減速を続けている中で，デジタル・イノベーションもかつてのインターネット・パソコンやスマホの普及に伴って，経済的・社会的にインパクトの大きい（ホームラン級の）イノベーションが誕生したような時代から，相対的に小粒の（シングルヒット級の）イノベーションが中心とならざるをえない時期に移行している。

　その結果として，現在は「秩序ある低成長」の時代へ向かう移行期にあると見られる。

第10章

中国，模索続く「核心技術」の自主開発
——高い競争力の EV，半導体はなお遅れ

日本経済研究センター研究員
（兼日本経済新聞社編集ビジネス報道ユニット担当部長）
山田周平

◉ポイント

▶中国の習近平指導部が代替の効かないコア技術である「核心技術」の育成へと産業振興の重点を移している。米国とのハイテク摩擦が長引くなか，広義の安全保障を確立するには核心技術を自主開発し，国産比率を高めることが不可欠だと判断しているためだ。

▶核心技術と位置づけられそうなハイテク製品の中で，太陽電池や電気自動車（EV）など環境関連はすでに高い国際競争力を備えている。一方で難易度の高い半導体と航空機は大きく遅れており，当面は共産党・政府と企業を挙げた強化策の試行錯誤が続く可能性が高い。

▶日本企業にとって，中国の核心技術は商機にも脅威にもなりうる。最もリスクが高いのは，やっかいな存在だと考えて放置することだろう。核心技術の動向が自社のビジネスにどう影響するのか，今まで以上に精度を上げて技術情報を収集・分析する姿勢が求められそうだ。

◉注目データ ☞ 本社所在国・地域別の半導体シェア（2020 年）

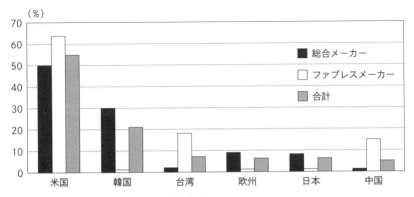

（出所）米 IC インサイツの調査より筆者作成

1．中国の産業振興策，「核心技術」が焦点に

　中国の産業振興策の焦点が「核心技術」へと移っている。意訳すると「代替の利かないコア技術」といったところだろうか。中国の習近平指導部はIT（情報技術）を中心とする国内産業の育成を進めてきたが，2021年にはインターネット通販大手のアリババ集団などプラットフォーマーへの規制強化に転じ，同じITでも応用型ビジネスはもはや重視しない姿勢を鮮明にした。

　習国家主席は2022年1月，中国共産党の政治理論誌「求是」にデジタル経済に関する論文を投稿した。プラットフォーマーなどの不健全な発展を重ねて批判する一方，今後強化すべき7つの政策方針を示し，「核心技術の研究を強化する」ことをその筆頭に挙げた。共産党・政府のトップが号令をかけたことで，核心技術の行方に一段と関心が集まりそうだ。

1.1　安全保障との関係を意識

　中国が定義する核心技術とは何であり，どの程度の実力を持っているのか。中国の産業振興策としては2015年に公表された「中国製造2025」が知られてきた。「次世代情報技術」「航空・宇宙設備」など重点10分野を掲げるが，米国から不公正な補助金の温床などと批判され，最近は公の場で語られることがほとんどなくなっている。

　共産党・政府の最新の大方針である「国民経済・社会発展第14次5カ年計画と2035年までの長期目標要綱」（要綱）を見てみよう。2021年3月の全国人民代表大会（全人代）で採択・公開されたこの文書には，核心技術という言葉が9回登場する。核心技術の対象を網羅した記述はないが，「研究を強化する先端技術」7分野を一覧表で示している（図表1）。

　人工知能（AI），半導体など「中国製造2025」と重なる分野が多く，産業振興策には実質的に大きな変更がないことがうかがえる。一方で，盗聴が理論上不可能とされる量子通信技術や新型コロナウイルスを意識した感染症対策を明記し，国民の健康を含む広義の安全保障にじわりと軸足を移した印象がある。

図表1　中国政府が想定している先端技術

領域	概要
次世代の人工知能	先端の基礎理論で突破を果たし，専用チップを開発し深層学習アルゴリズムなどのプラットフォームを確立
量子情報	量子通信技術を開発し，実用型の量子コンピューターによるシミュレーション技術を確立
集積回路	回路の設計ツール，重要な製造装置や高純度材料を研究開発し，回路の先端加工などで突破を実現
脳科学・脳型知能研究	脳の認知原理を解析し，脳型コンピューターなどを開発
遺伝子・バイオテクノロジー	遺伝子科学の応用研究を進め，バイオ医薬品などを開発
臨床医学・ヘルスケア	ガンや心臓病の基礎研究や感染症予防策の確立を推進
宇宙・地中・深海・極地の探査	大型ロケットや深海探査艇を開発し，探査を加速

（出所）「第14次5カ年計画要綱」より筆者作成

1.2　太陽電池や EV には国際競争力

　「要綱」は2035年までの政策の青写真を描いた文書であり，核心技術における中国の現在の実力を評価することはできない。全体像を把握するのは難しいが，米シンクタンクのマッキンゼー・グローバル・インスティテュートの調査が19年7月公表とやや古いものの，傾向をざっくりと知るうえで役に立つ（図表2）。

図表2　中国のハイテク製品のシェア・国産比率（%）

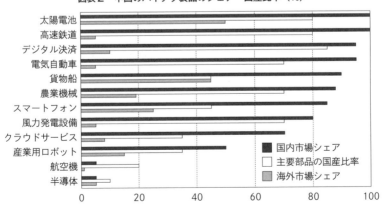

（出所）米マッキンゼー・グローバル・インスティテュートの調査より筆者作成

　調査は中国の主なハイテク製品の国内外市場シェアと主要部品の国産比率を網羅している。太陽電池，EV，風力発電設備など環境関連分野ではかなりの国際競争力があることがわかる。中国は習氏が 2021 年 9 月，2060 年までに温暖化ガスの排出を実質ゼロにするカーボンニュートラルを目標として公言するなど，この調査の後，2 年あまりで環境重視の姿勢をさらに強めている。過当競争で経営破綻した太陽電池メーカーが出たりしてはいるものの，国の産業育成としては先見の明があると評価してもいいだろう。

　一方で，際立って弱い分野もある。航空機と半導体だ。いずれも米国とのハイテク摩擦で焦点となる分野であり，調査後も国・企業を挙げた強化の動きが続いている。しかし，2021 年時点で目に見える結果が出ているとは言い難く，当面は苦闘が続く公算が大きい。

1.3　半導体，製造装置の国産比率も低く

　さらに，半導体のサプライチェーン（供給網）のうち，中国が特に不得手とする製造装置の業界を見てみよう。AI 開発のパークシャテクノロジーと投資会社スパークス・グループが共同運営する投資ファンドの中国事業チームによる調査の結果を図表 3 にまとめた。

図表 3　中国の半導体製造装置メーカー・市場の状況

製品分野	中国市場規模	国産比率	主要企業	国有株主	国家基金
露光装置	244 億元 （18 年・推計）	ほぼゼロ	上海微電子装備（集団）	○	×
塗布現像装置	43 億元 （18 年・推計）	5%	瀋陽芯源微電子設備	○	○
			盛美半導体設備（上海）	×	○
ドライエッチング装置	181 億元 （18 年）	約 20%	中微半導体設備（上海）	○	○
			北方華創科技集団	○	○
			北京屹唐半導体科技	○	×
CVD 装置	110 億元 （19 年）	5% 以下	北方華創科技集団	○	○
			拓荊科技	○	○
			中微半導体設備（上海）	○	○
PVD 装置	24 億元 （19 年）	約 10%	北方華創科技集団	○	○
			北京北儀創新真空技術	○	×
			中国科学院瀋陽科学儀器	○	○
			中国電子科技集団公司 第四十八研究所	○	×

（出所）パークシャ・スパークス・アルゴリズムファンド中国チームの調査より筆者作成

　調査は半導体の製造工程のうち，素材のシリコンウエハーに回路を形成する「前工程」の装置メーカーを対象としている。中国は近年，製造装置の購入額で台湾や韓国と首位を争っているが，国産比率はおおむね10％前後にとどまっている。何らかの光源によって回路パターンをウエハー上に焼き付ける露光装置は最も技術が難しく，国産比率はほぼゼロ。オランダのASMLやニコンなど日欧メーカーからの輸入に頼る状況は変わっていない。

　一方で，調査では装置メーカーの事業資金の出し手も明らかになった。「国有株主」とは国有企業が株主に名を連ねることの有無，「国家基金」とは中国政府が2014年から整備してきた総額3000億元（約5兆9000億円）の半導体投資ファンドから資金を受け入れていることの有無を示している。すべてのメーカーが何らかの形で国の資金を受け入れており，国産比率の上昇に国・企業を挙げて執念を燃やしている姿が浮かび上がる。

2. 苦戦が続く基幹部品の国産化

　半導体を含む基幹部品は，あらゆる工業製品の国産比率拡大に欠かせない核心技術といえる。「中国製造2025」も半導体自給率を2025年までに70％まで高める目標を掲げているが，「注目データ」で示した通り，中国半導体メーカーの世界シェアは20年時点で5％にとどまっている。弱点克服の取り組みの成否について，事例をもとに検証してみる。

2.1　スタートアップに流れ込む資金

　前向きな動きは，半導体スタートアップ企業への投資が盛んに行われていることだ。中国では2010年代半ばから，「創業」が優秀な若者の働き方の1つに定着している。この1，2年で半導体が創業の人気分野として浮上してきたようだ。

　パークシャなどの投資ファンドは半導体スタートアップの資金調達の状況も調査している（図表4）。技術があまりにも高度なため，世界的にシノプシスなど米国3社による寡占が続くEDA（回路自動設計）ソフトで同社OBが創業に挑戦していることが目を引く。自動運転用のAI半導体を開発する地平線

図表 4 中国の半導体スタートアップの経営状況（2021 年 10 月現在）

社名	創業	製品分野	経営陣	評価額
地平線機器人	2015 年	自動運転用の AI 半導体	ネット検索大手，百度の元 AI 研究幹部	377 億元
壁切科技	2019 年	深層学習用の AI 半導体	AI スタートアップ，センスタイムの元幹部	150 億元
摩爾線程	2020 年	画像処理用 半導体（GPU）	米エヌビディアの中国事業の元幹部	140 億元
芯華章	2020 年	EDA ソフト	米シノプシスの中国事業の元幹部	18 億元

（出所）パークシャ・スパークス・アルゴリズムファンド中国チームの調査より筆者作成

機器人には，オリックスが出資したことが明らかになっている。

　半導体にスタートアップ投資が集まる理由について，このファンドで中国責任者を務めるコンサルティング・投資会社，板谷工作室の板谷俊輔最高経営責任者（CEO）は①世界的に本格的な技術スタートアップへの投資が増加②中国では国内の供給網整備を国が支援③当局の規制でネット応用型への投資が減り，その分が回った――の 3 つを挙げる。これらの半導体スタートアップが成功する保証はないが，そもそも創業自体が盛んではない日本などに比べると，はるかに将来への希望が持てる。

2.2　経営再建手続きに入った国産化の旗手

　一方で，半導体国産化の旗手とされてきた企業の苦戦も伝わっている。携帯電話などの演算用半導体の回路設計や代表的な半導体メモリーであるフラッシュメモリーの事業を傘下に抱える紫光集団だ。北京市第一中級人民法院（地方裁判所に相当）は 2022 年 1 月，経営不振に陥っていた紫光集団の事業について，国有企業系の投資ファンドである北京建広資産管理と投資ファンドの北京智路資産管理の連合に継承させることを決めた。

　紫光は，習氏の母校でハイテク人材を輩出する名門・清華大学が 51％出資する国有企業。2009 年に就任した趙偉国董事長の指揮のもと，13 年に半導体設計大手を傘下に収めたのを機に大規模な買収・投資を重ね，総合半導体メーカーへの脱皮を進めていた。傘下の長江存儲科技（YMTC）が湖北省武漢市で稼働させた NAND 型フラッシュメモリー工場は半導体の国産化を代表する

紫光集団の趙偉国董事長

（出所）筆者が2015年撮影

プロジェクトだった。

　YMTCは記憶素子を積み重ね，チップ1枚当たりのメモリー容量を増やす「3次元化」で世界最先端の技術開発に成功したと発表していたが，量産品の歩留まり（良品率）が低いとの噂が絶えなかった。歩留まりとの因果関係は不明だが，2020年から社債の債務不履行を繰り返し，経営の先行きが危ぶまれていた。

　筆者は北京駐在記者だった2015年，趙氏をインタビューしたことがある。中国の半導体産業の育成が苦戦続きの理由について，趙氏は「市場原理で動く産業なのに政府が介入しすぎた」などと答えていた。しかし，YMTCなども前述の「国家基金」から多額の資金支援を受けたとみられており，自らもその罠にはまってしまった格好となる。

　紫光は2019年，12年に経営破綻した日本のDRAM大手，エルピーダメモリの坂本幸雄・元社長を高級副総裁としてスカウトし，日本で回路を設計したDRAMを生産する工場を内陸部の重慶市で建設する計画だった。紫光の経営が行き詰まったことで計画は白紙となり，坂本氏は2021年いっぱいで紫光の経営から離れた。

2.3　深圳発イノベーションの象徴，資金繰り難に

　半導体ではないが，別の基幹部品であるディスプレーでも象徴的なプロジェクトが困難に直面している。中国を代表するイノベーション都市の広東省深圳市に本社を置き，スマートフォンなどに搭載する有機ELパネルを手がける深

ロヨルが開発した曲がる有機 EL パネル

（出所）筆者撮影

圳市柔宇科技（ロヨル）の経営不振だ。2021 年秋から，従業員の給料の遅配や取引先への遅払い遅延が表面化している。

　ロヨルは清華大や米スタンフォード大で電子工学を専攻した劉自鴻 CEO が米 IBM での研究職を経て，2012 年に設立した。劉 CEO らの独自技術で自由に折り曲げられる有機 EL を開発し，18 年に量産を始めた。海外留学からの帰国組の創業を巨額の資金などで支援する深圳市政府の「孔雀計画」に選ばれ，深圳を代表するユニコーン（評価額が 10 億ドル以上の未上場企業）と位置づけられてきた。

　2015 年には，李克強首相が創業・イノベーションを促す政府主導の展示会でロヨルのブースをわざわざ訪れ，中央政府がお墨付きを与えた技術スタートアップとのイメージも定着していた。

　その後に上場延期を繰り返すなど経営不安の噂はくすぶってきたが，ある種の政治銘柄として「つぶすにつぶせない」存在とみられていた。

　それでも経営不振が表面化した理由は大きく 2 つ考えられる。1 つは紫光と同様，「工場の歩留まりが全く上がっていない」（深圳の素材スタートアップの経営者）ことだ。有機 EL 自体の技術力は持っているものの，生産技術を軽視した結果，安定的にパネルを供給できていないもようだ。

　もう 1 つは製品戦略のミスだ。ロヨルは 2018 年，「世界初」と称して折り畳み式のスマホを自社で開発・発売した。その際に，スマホ大手の小米（シャオミ）の経営陣と「どちらが世界初の折り畳み式か」との論争を起こしてしまい，部品メーカーに徹することを忘れた。シャオミや韓国サムスン電子はその

後，別メーカーや自社のパネルで折り畳みスマホを安定して生産・販売しており，ロヨルの出る幕はなくなってしまった。

　ロヨルは本来，独自の技術力を持ち，政府の支援もあり，スマホなどの市場にも恵まれていた。現時点では，それでも基幹部品の事業化が難しいことを示す悪い事例となってしまっている。

3．航空機，型式証明と米中摩擦の二重苦に

　マッキンゼーの調査では，航空機も中国のハイテク産業の弱点とされている。中国は当然，乗り心地やコストを犠牲にできる軍用機ではかなりの国産化を実現しているが，旅客機では米ボーイングや欧州エアバスに遠く及ばない。

図表5　中国商用飛機が量産・開発中の主要機種

C919	機種名	ARJ21
158〜168 席	座席数	78〜90 席
4,075〜5,555km	航続距離	2,225〜3,700km
2022 年以降	商用飛行	2016 年
欧州エアバス「A320」など	競合機	ブラジル・エンブラエル「E ジェット」

（出所）日本経済新聞，中国メディアの報道より筆者作成

　旅客機市場における中国の苦戦は，国有旅客機メーカーの中国商用飛機（COMAC）の経営状況がそのまま反映されていると考えてよい。2008 年に国策メーカーとして発足した COMAC は 16 年にリージョナルジェット機「ARJ21」の商用飛行にこぎ着け，現在は 22 年中により大型の「C919」の商用飛行に入ることを目指している。

　インドネシアの地域航空会社トランスヌサは ARJ21 の導入を内定したとされる[1]。トランスヌサは COMAC と提携関係にある中国の航空機リース会社を大株主に迎えており，リース契約を結んで ARJ21 を運航する方向。ARJ21 は 2021 年 8 月時点で，中国の国内路線で延べ 10 万時間の飛行実績があるが，海外の航空会社が運航するのは初めてだという。

　ただ，COMAC の海外における商談はこれ以外はほとんど進んでいないよ

うだ。海外進出が遅れているのは，航空機で世界標準となっている欧米の「型式証明」を取得できていないためで，中国国外で事実上，商用飛行できない。旅客機は事故が多くの人命を危機にさらすため，部品などの安全性の確認に軍用機とは別次元の作業が必要となる。欧米の型式証明の取得の難しさは，三菱重工業の国産リージョナルジェット機「三菱スペースジェット」が2020年秋，事業化の凍結に追い込まれた原因の1つでもある。インドネシアにも型式証明に似た制度があるが，ARJ21はまだ取得していないという。

C919については，米中摩擦も直接の逆風になる。旅客機の神経や心臓にあたる通信・飛行制御システムやエンジンのサプライヤーに，欧米企業がずらりと並んでいるためだ。会社数ベースの4割程度を海外メーカーが占めている。米国がCOMACへの輸出規制を強化すれば，そもそも生産が成り立たなくなる恐れがある。

C919はエアバスの「A320」やボーイングの「737」が競合機に当たる。ボーイングはともかく，エアバスは天津市に2008年の段階で，欧州以外で初となる完成機工場を稼働させ，主にA320を生産している。中国がいかに巨大な航空機市場でも，買い手である航空会社が単純なる市場原理に従うならC919の勝ち目は薄い。

海外市場の開拓で苦戦している「ARJ21」

（出所）中国商用飛機のウェブサイトより

4．日本は商機をどう見いだすか

以上の考察を総合すると，中国の核心技術は①共産党・政府が強力な育成策

を打ち続ける②EV など環境関連分野では着々と成果が挙がってくる③難易度が高い半導体や旅客機ではしばらく苦戦が続く——といった動きが予想できる。

　では，日本企業はこの動きをどう商機につなげるべきなのか。たとえ IT と総称される分野であっても，AI アルゴリズムなどの核心技術と，中国の越境電子商取引（EC）プラットフォームに乗せて日本の消費財を売り込むビジネスではわけが違う。半導体や航空宇宙など安全保障に直結する分野では，そもそも中国側が軽々に日本との取引に応じない可能性もある。

　板谷工作室の板谷 CEO は「日本が中国の核心技術に『ゼロか百か』という発想で向き合うのは危険だ」と指摘する。例えば，日本が虎の子である半導体製造装置の技術を惜しみなく中国に供与するのはナンセンスだが，一方で全く放置し，知らない間に強力なライバルに育っていたという事態も避けるべきだという意味だ。

　板谷 CEO が中国責任者を務めるパークシャなどの投資ファンドは安全保障などに支障のない案件について，経営権を握らない範囲で中国の AI スタートアップに投資している。投資による収益確保が最大の狙いだが，中国スタートアップの経営に一部参画することで「中国の現場で情報を収集し，当ファンドの資金の出し手である日本の大手企業と共有することも目的にしている」（板谷 CEO）のだという。

　商機にも脅威にもなり得る以上，日本企業が中国の核心技術の動向を完全に無視するのは現実的ではない。手間がかかるのは確実だが，会社ごとに関心を持つ核心技術を見定め，何らかの手段できめ細かく自社への影響に関する情報収集を続けていくしか手はないのだろう。

［注］

1　日本経済新聞，2022 年 1 月 12 日付朝刊。

第11章

変貌する中国の自動車産業
——EV で飛躍，産業構造の大転換も

日本経済研究センター首席研究員

湯浅健司

◉ポイント

▶中国における電気自動車（EV）を中心とした新エネルギー車の 2021 年の販売台数は前年比 157.5％増の 352 万 1000 台と大きく伸びた。業界予想では 22 年は年間 500 万台に達し，中国は新エネ車だけで日本の国内新車販売台数を上回る見通しだ。廉価版の登場により，市場のすそ野が広がったことが背景にある。

▶中国製 EV は国内だけでなく，海外にも飛躍しつつある。日本の物流大手は相次ぎ小型の EV 商用車を中国から輸入することを決めた。東南アジアや欧州に輸出する動きもあり，メーカーは海外投資を加速させようとしている。

▶完成車だけでなく，中国では EV 向けの部品を手掛ける企業も台頭しつつある。部品産業が成長し，独自のサプライチェーンを構築するようになれば，長年，外資が圧倒してきた中国の自動車産業は，中国企業の主導へと大きく構造転換するだろう。

◉注目データ ☞ 中国の新エネルギー車は 22 年に日本の総販売台数を超える？

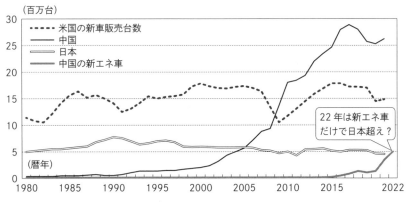

（出所）各国の新車販売台数，各種資料から筆者作成。22 年の中国の新エネ車は業界予測

1．急拡大した中国の EV 市場

　中国の自動車業界が電気自動車（EV）を飛躍台に，大きく変わろうとしている。ガソリン車の低迷をしり目に販売台数が急速に拡大し，携帯電話メーカーが生産計画を打ち出すなど異業種からの新規参入組が現れた。車載電池やモーターなどガソリン車にはなかった部品を手掛ける中国企業も登場している。外資に長く牛耳られてきた中国の自動車産業は新たなサプライチェーンを構築し，ようやく自主独立の道へと歩み出すのかもしれない。

1.1　2022 年の新エネ車販売は 500 万台へ～日本の新車市場超え

　2021 年の中国全体の新車販売台数は前年比で 3.8％増の 2627 万 5000 台となり，4 年ぶりに前年実績を上回った。ここ数年は経済の減速による消費低迷で買い控えが目立ち，さらに 20 年は新型コロナウイルスの感染拡大により，年前半が大きく落ち込んだ。コロナ禍が一段落した 21 年は久しぶりのプラスとなったのだが，手放しでは喜べない。前年の反動から 1～4 月は大きく伸びたものの，5 月以降は半導体不足の影響で生産が滞り，販売にも急ブレーキがかかった。通常なら上向く年後半も振るわず，12 月まで単月ベースではマイナスが続いた。前半の貯金が生きて，なんとか通年でプラスになった，という形だ。

　ただし，電気自動車（EV）を中心とした新エネルギー車だけは話が別。脱炭素社会の実現を目指す政府の補助金がテコとなり，2021 年の販売台数は前年比 157.5％増の 352 万 1000 台と大きく伸びた（図表 1）。このうち EV は 291 万台と過去最高を更新し，新車販売全体が増加に転じる原動力となった。

　新エネ車が市場全体に占めた割合は 13.4％と前年より 8 ポイントも高まった。総販売台数から新エネ車を差し引いたガソリン車などの販売台数は逆に前年比で 5％減少している。新エネ車は国民に急速に浸透しつつあり，公安省の統計によると 2021 年末時点の保有台数は 784 万台と前年末比で 59.3％増加し，保有台数全体に占める割合は 2.6％となった。

　中国汽車工業協会の陳士華・副秘書長は 2021 年 12 月に四川省で開かれた

図表 1　中国の新エネ車販売台数の推移

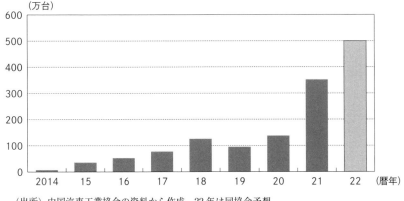

（出所）中国汽車工業協会の資料から作成，22 年は同協会予想

シンポジウムで 22 年の自動車業界を展望し，「新車販売台数は合計で 5％増の 2750 万台，新エネ車は約 50％増の 500 万台になる」と話した。年間 500 万台に達すると，中国は新エネ車だけで日本の国内新車販売台数を上回る。政府が 20 年 11 月に発表した計画では「25 年に 500 万台」という目標であり，政府目標を 3 年前倒しで達成することにもなる。

　ただ，販売の急拡大をもたらした政府の補助金は段階的に削減され，2022年末には打ち切られる予定だ。23 年はゼロとなるので，その前に購入しようという駆け込み需要も予想されるが，メーカー各社は 22 年に入って，補助金削減を織り込み新エネ車の値上げに動いている。例えば，EV 大手の比亜迪（BYD）は 2 月から主力車種で 3％前後価格を引き上げた。値上げ幅がさらに広がると，販売の行方に影響する可能性がある。

1.2　「宏光 MINI EV」の成功

　新エネ車，特に EV が急拡大した背景には，政府の補助金のほかに，庶民が手を出しやすい廉価版の台頭がある。

　これまで中国の EV 市場を牽引してきたのは米テスラ社だ。同社は欧米や日本の自動車メーカーに先駆けて，上海市に 100％出資で年産能力 50 万台という EV 専用工場を設け，「モデル 3」「モデル Y」を出荷。中国市場でトップシェアを誇ってきたが，2021 年上半期に初めてメーカー別のシェアで米ゼネ

ラル・モーターズ（GM）に抜かれた。GM の合弁会社，上汽通用五菱汽車が生産する小型車「宏光 MINI EV」（MINI）が大ヒットしたからだ。

　2021 年 1～12 月の累計販売台数は MINI が 39 万 5451 台（図表 2）に対して，モデル 3 は 15 万 890 台と 20 万台以上の開きがある。テスラはモデル Y と合わせても MINI には及ばなかった。

図表2　中国の EV の乗用車モデル別販売台数（21 年 1～12 月）

順位	メーカー名	モデル名	販売台数(前年比伸び率)	
1	上汽通用五菱	宏光 MINI EV	395,451	(250.7%)
2	BYD	秦 PLUS	187,227	(256.3%)
3	テスラ中国	モデル 3	150,890	(9.8%)
4	BYD	漢	117,323	(189.3%)
5	奇瑞新能源	eQ	76,987	(101.3%)
6	長安汽車	奔奔 EV	76,381	(582.7%)
7	広汽埃安	Aion S	73,853	(61.9%)
8	長城汽車	欧拉黒猫	63,492	(35.7%)
9	小鵬汽車	P7	60,569	(300.5%)
10	長城汽車	欧拉好猫	49,900	(2375.2%)

（出所）中国の報道を基に筆者作成

　大ヒットしている MINI は 2020 年 7 月に発売された「1 台 2 万 8800 元（約 48 万円）」という 4 人乗りの小型ワンボックス車だ。全長 2917 ミリ，全幅 1493 ミリの車体は日本の通常の軽自動車より全長が約 50 センチ短く，全幅は 2 センチ近く長い。

　最高時速は 70 キロ，1 回の充電で航続できる距離は最長 170 キロ。1 台 25 万元を超えるテスラ車よりはるかに走行性能は劣るが，世界の EV で最も安いとされる価格が地方都市や農村に住む消費者を引き付けている。中国の農村ではゴルフカートのようなナンバープレートが不要な電動車を利用する人が多くいる。MINI はそうした層をメーンターゲットとしている。発売当時，中国メディアは「歴史的な低価格！　これぞ国民車だ」と，こぞって称賛した。

　中国では MINI に続けと，国内メーカーは次々と廉価版に参入している。注目株は長城汽車の小型セダン「欧拉黒猫」だ。最低価格が約 120 万円とやや高

めだが，猫をイメージした可愛らしいデザインが若者らに受け，2021 年は第 8 位のシェアを獲得している。

　一方，広州汽車や上海汽車など国有大手は，テスラと MINI の間の中間価格帯で EV 市場に攻勢をかけようとしている。中国の EV メーカーの草分けである BYD の主力車もここに位置する。

　この価格帯はガソリン車との競合が最も激しい。中間帯でも EV の普及が進みガソリン車のシェアを奪うようになると，中国の自動車市場は本格的に電動化が始まるだろう。

1.3　EV で出遅れた外資の苦戦

　2021 年の新車市場全体をみると，テスラや GM，さらには BYD など EV で先行する企業が伸長した一方で，ガソリン車主体のメーカーの苦戦が目立った。

　長く中国市場で圧倒的なシェアを維持してきた独フォルクスワーゲン（VW）の凋落はその象徴といえる。乗用車のトップメーカーだった合弁会社「一汽 VW」「上汽 VW」はいずれも振るわず，2021 年 1 〜 10 月の販売台数は約 8％の減少となった。報道によると，ドイツ本社は中国地区の責任者を交代させることを決めたという。

　2020 年までは市場の冷え込みをしり目に売り上げを伸ばしてきた日本勢も 21 年は退潮している。トヨタ自動車こそ前年比 8.2％増の 194 万 4000 台と過去最高を更新したが，ライバルの日産自動車は 5.2％減の 138 万 1494 台，ホンダは 4.0％減の 156 万 1540 台と，いずれも好調だった前年実績を下回った。半導体不足の影響が大きいとはいえ，EV の存在感が高まる中国市場で巻き返すには新たな投資が欠かせない。

2．海を超える中国 EV

　中国で急成長し始めた EV は，国内だけでなく，海を渡って日本などアジア市場に進出しようとしている。これまで外資に席巻され続けてきた中国の自動車メーカーだが，EV という新しい武器を手に，反転攻勢に出る構えだ。

〈BOX：宏光 MINI EV の安さの秘密は？〉

　名古屋大学パワーエレクトロニクス研究室の山本真義教授は 2021 年秋，日本能率協会が輸入した宏光 MINI EV の最上位モデル（価格 3 万 8800 元＝約 70 万円）を分解し，構造や使用されている部品を詳しく調査した。その結果，同車にかかる総コストを 48 万円と試算。内訳はリチウムイオン電池（容量 13.9 キロワット時）が 16 万円，エアコンやアンチロック・ブレーキシステム（ABS）など「装備」，充電器や DC-DC コンバーターなど「電装系」，組み立て・販売・サービスの 3 項目が 6 万円で続いた。駆動モーターやインバーターなどの「電動系」，ボディー・内装の 2 項目は 5 万円で並び，タイヤ・サスペンションなど「足回り系」が 4 万円だった。

分解前の宏光 MINI EV

（出所）筆者撮影

　総コストが 48 万円という日本の軽自動車の数分の一で収まった理由としては①回生ブレーキや水冷システムなど複雑な機構の搭載を省いた②専用部品を避けて既存の量産部品を徹底的に使った――の 2 点があるという。

　回生ブレーキは EV の航続距離を延ばすには欠かせないが，「自宅で夜に充電し，昼に近所を走るだけなら必要ない」（山本教授）。また，モーターなど搭載機器の冷却に水冷でなく，空冷方式を採用した点も大きい。冷却水の循環システムを載せずに済む。インバーターに内蔵されたパワー半導体など電子部品の寿命は熱の影響で短くなるが，MINI は車自体を「インバーターなどモジュールを取り出して交換しやすく設計」（山本教授）することで，弱点を補っている。

　搭載部品は既存品を使い回している。モーターのトルクを調整する減速機では，基幹部品のベアリングに性能を満たした中国製のカタログ品を転用してい

る。インバーターや充電器など電装品には米テキサス・インスツルメンツ（TI）など欧米メーカー製の半導体が載っているが，家電向けを転用している。電装品が故障しやすくなるため，半導体メーカー側は家電向けの転用を推奨しないが，中国側にはモジュール交換の容易さで補えるとの発想があるようだ。MINI は「壊れやすいが直しやすい」という割り切りの設計思想で，価格破壊を実現した EV といえそうだ。

（山田周平）

2.1　西の果てからやってくる小型 EV

　日本市場に進出する EV メーカーの先駆けとなりそうなのが，MINI を手掛ける国有企業だ。上汽通用五菱汽車の中国側の出資者である広西汽車集団は，佐川急便と 2022 年 9 月をめどに EV の小型トラックを納入する契約を結んだ。

　ベトナムとの国境まで約 300 キロという中国の西の果て，広西チワン族自治区柳州市にある工場では「軽自動車並みの価格を」という日本側の要請に応えるべく，新型車の車台開発が日中の共同作業で進み，量産体制が整備される。

　日本に輸出するのは軽自動車サイズの商用バンで，合計 7200 台を佐川に納める予定。1 回の充電で航続できる距離は約 200 キロと MINI とほぼ同じ。テスラ車などに比べて短いが，昼間は小さい配達範囲を回って，夜は拠点に戻り充電するという利用方法なので，それで十分なのだろう。

　国有大手の東風汽車集団もグループ会社を通じて，物流大手の SBS ホールディングスに 1 トン積載の小型 EV トラックを納入する。

　SBS によると航続距離は 300 キロで，導入金額はガソリン車とほぼ同等の 1 台当たり約 380 万円。SBS は同規模の小型トラックを約 2000 台稼働させており，今後 5 年程度でこれらを EV に置き換えるとともに，協力会社の車両も含めて中期的には 1 万台程度を導入する計画という。鎌田正彦社長は「EV 供給は SBS グループが脱炭素の取り組みを進めて地球環境に貢献していくうえで大きな前進であり，次世代型車両の導入を迅速に進めていく」としている。

　廉価版の EV は中国以外ではまだ本格的に商品化されていない。広西汽車も東風汽車も納入する物流会社との間には，日本の EV 企画・設計会社が入っている。日本ではまだ普及していない新しいカテゴリーの車は，日中企業の水平

SBS ホールディングスが公開した小型 EV

（出所）同社 HP より

分業によって，日本市場に風穴をあけようとしている。

　乗用車でも日本進出の動きがみられる。BYD の「e6」は 2021 年 11 月，中国ブランドとしては初めて日本政府の「クリーンエネルギー自動車導入促進補助金」の対象に採択された。同社は日本法人を通じて自治体や法人向けに販売を始めている。

　国有大手の第一汽車集団は大阪市内に販売店を設け，2022 年夏から多目的スポーツ車（SUV）タイプの EV を発売する計画だ。なお，テスラは上海で量産しているモデル 3 を 21 年から日本に輸出している。

第一汽車集団が大阪市内に設けた販売店

（出所）日本経済新聞社提供

2.2　アジアや欧州にも進出〜急増する自動車輸出

　小型 EV の分野では広西汽車のライバル，長城汽車も負けていない。2021年秋から「欧拉」シリーズをタイに輸出し始めた。当初は中国からの輸出だが，20 年に買収した工場を活用して，23 年からは現地生産を始める。タイでの販売が軌道に乗れば周辺国に輸出し，東南アジアの EV 市場を開拓するという戦略だ。

　東南アジア市場を巡っては，上汽通用五菱汽車が 2022 年内にインドネシアで MINI を生産・販売するとの報道もある。

　欧州進出の動きもある。上海汽車集団は買収した英国ブランド「MG」シリーズの EV を欧州に投入している。高級 EV を手掛ける上海蔚来汽車 (NIO) は 2022 年から欧州向けの輸出を始める。21 年にノルウェーでショールームを開設し，営業活動に着手した。同国は自動車の電動化に積極的で，報道によると，22 年 1 月の新車販売台数のうち，EV が全体の約 8 割を占めた。このため，NIO のほかにも複数の中国メーカーが市場参入を目指している。

　EV の海外進出が活発化するにつれ，中国からの自動車輸出台数は急伸している。2021 年は前年比 101.1％増の 201 万 5000 台（図表 3）。このうち新エネ車は前年の 3 倍となる 31 万台となった。

　中国の自動車輸出はこの 10 年来，年間 50〜100 万台の規模で推移してきた。2021 年は 2 倍の規模に膨らんだわけで，新エネ車の台頭が大きく貢献し

図表 3　中国の自動車輸出台数の推移

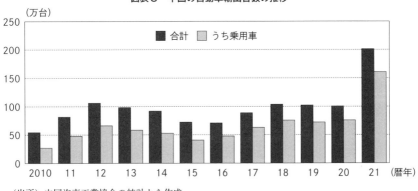

（出所）中国汽車工業協会の統計から作成

ている。税関統計によれば，21 年の新エネ車の輸出先はバングラデシュ，英国，インド，タイ，ドイツ，スロベニアの順に多かった。

3．異業種からの参入〜シャオミの挑戦

EV は家電やスマートフォン，パソコンなどのように，複数の企業がそれぞれ特定の分野に特化して，それ以外は外部に委託する水平分業のものづくりが可能とされる。日本に輸出される小型商用 EV は日本の設計会社と中国メーカーの分業だし，高級 EV の NIO も自社工場は持たずに大手メーカーに製造を委託している。

日本ではソニーが 2022 年 1 月，EV の試作車「VISION-S（ビジョン S）」を公表し，事業進出の考えを示した。自動車部品大手などと連携して車両を開発，生産する方向とされる。米アップルも同様の形での参入が噂される。水平分業の導入によって，ガソリン車では高かった参入障壁が低くなり，IT 企業など異業種の EV 進出が可能となりつつある。

中国でも同様に異業種から参入が予定されている。スマートフォンメーカーの小米（シャオミ）は 2021 年 3 月，全額出資の子会社を通じて，10 年間で100 億ドルを EV 事業に投じると発表した。

計画発表後，北京や上海，湖北省武漢市など複数の地方政府が工場誘致に乗り出したが，結局，同社は北京経済技術開発区に自動車事業の本部施設を建設することを決定。年産 30 万台規模の組立工場や研究開発センターを併設するという。経営トップの雷軍・最高経営責任者（CEO）は投資家向けイベントで，2024 年上半期に量産を開始する方針を表明している。

シャオミは故スティーブ・ジョブズ氏に憧れる雷 CEO が 2010 年に創業し，「中国版アップル」を標ぼうして急成長を続けてきた。中国国内だけでなくインドや欧州にも販路を広げた結果，ついに 21 年 4 〜 6 月期には世界シェアがアップルを抜いて第 2 位となった。雷氏はスマホだけでなく，EV 事業でもアップルの後を追うように事業参入に名乗りを上げた形だ。

中国メディアによれば，雷 CEO は 2021 年後半，関連会社の代表取締役や会長職を次々と辞任した。雷氏は EV 事業を企業家人生として最後の挑戦だと

宣言しており，要職から退いたのも，仕事の大半を EV 事業に集中させるためとみられる。

　シャオミはソニーなどと異なり，自社で EV の生産まで手掛けようとしている。単独でどこまで事業を構築できるか。高いデザイン力やブランド力を持つだけに，完成車は一定の競争力を持つこととなりそうだが，技術の面では既存メーカーの支援をあおぐことも予想される。その場合，どういう企業連合が誕生するか，注目される。

4．外資の反攻〜中国で積極投資へ

　2021 年の中国市場では，ガソリン車を主体とした外資系メーカーが苦戦した。外資各社は EV の投入により巻き返しを図る構えで，新たな投資の機運が高まっている。

　中国での販売台数を減らしたホンダは 2022 年の新年早々，湖北省武漢市の合弁会社に EV を年 12 万台生産できるラインを新設すると発表した。投資額は 40 億元で，24 年に稼働する計画だ。

　同社は 2022 年春に独自の中国向け EV 専用ブランド「e:N（イーエヌ）」を立ち上げ，新しいラインはその主力生産拠点となる。中国で 30 年以降に発売するすべての新車をハイブリッド車（HV）を含めた電動車にするとも発表しており，広東省広州市の合弁会社にも 24 年以降に EV 専用ラインを増設する

2021 年秋の広州モーターショーに出展されたホンダの「e:N」ブランド車

（出所）日本経済新聞社提供

方針だ。

　同様の積極投資の動きは他の日系メーカーにも広がるだろう。特にトヨタ自動車は 2021 年末に「世界の EV 販売台数を 2030 年に 350 万台にする」という目標を発表しており，依存度の高い中国での増産投資は避けられない。日系各社の中国での EV 拠点の拡充は，将来，そこから対日輸出することも視野に入れるのではないだろうか。

　外資の動きは生産拠点の拡充だけではない。2021 年，独ダイムラーは北京市に新たな研究開発センターを設けた。約 11 億元を投じて整備したもので，研究者や技術者は 1000 人にのぼる。自動運転など今後の EV に欠かせない技術で先行する中国の技術を取り込み，新車開発に生かす狙いがある。

5．部品メーカーの成長と今後の自動車産業の可能性

　中国の自動車産業は EV により大きく変わろうとしている。成長が期待されるのは完成車メーカーだけではない。EV を支える部品産業でも，中国では世界をリードしそうな有力企業が育ちつつある。

5.1　躍進する CATL ～世界トップの車載電池メーカーに

　その代表例が車載電池メーカーの寧徳時代新能源科技（CATL，福建省）だ。創業して 10 年余りの新興企業だが，生い立ちを追ってみると現在の成功も納得できる。

　CATL の前身は日本の部品大手，TDK が買収した香港のリチウムポリマー電池会社だ。

　同社は中国の 2000 年代に爆発的に成長した携帯電話向けの電池を主力とし，アジアでの事業展開に積極的な TDK が目をつけるほど優れた技術力を備えていた。2011 年に車載電池の商業化を目的に電池会社の技術者らが独立。中心メンバーだった曾毓群・董事長の故郷，福建省寧徳市に本拠を構えた会社が CATL である。

　大型バス向けのバッテリーから手掛け，実績を積みながら乗用車向けを開拓。政府の支援策も追い風となり，今や中国企業だけでなく，テスラやフォル

クスワーゲンなど外国勢にも電池を供給し，国内では約50%，世界市場でも約30%のシェアを握る大手メーカーとなっている。

　2021年8月中旬には約1兆円の増資計画を発表。調達した資金を使って複数の生産拠点を新増設し，25年には生産能力を20年末時点の約5倍に引き上げる。増資規模はその後，一部縮小されたが，拠点整備が終われば生産能力でパナソニックや韓国LG化学などのライバル企業を大きく引き離し，圧倒的な供給力と価格競争力で，市場をさらに席捲することになりそうだ。

5.2　電子部品からEV部品へ

　有力な電子部品メーカーがEV関連に進出するケースはCATLだけではない。例えば，EV用の熱制御部品を手掛ける三花智能控制（浙江省）。欧米の自動車メーカーと取引する企業だが，元々は日本企業との合弁事業の経験もある冷蔵庫やエアコンの部品メーカーだった。

　洗濯機など家電向けモーター大手の臥龍電気駆動集団（同）はEV用モーターに参入している。電子機器大手の聞泰科技（同）はEV用半導体を国産化するため，上海市に120億元を投じて新工場を建設すると発表。2022年7月から電力制御に使うパワー半導体を量産するという。

　EV用半導体では，白物家電大手の美的集団（広東省）が新規参入する方針だ。2024年からブラシレスモーター用ドライバICを手掛け，車載用水冷パワーモジュールなどにも広げていくとされる。

5.3　部品が育てる中国の自動車産業

　これまで中国では民族系の部品メーカーが育たなかったことも，自動車産業の自主独立が遅れた要因の1つとされてきた。部品メーカーは完成車とは異なり，中国政府が早い段階から外資の100%出資を認めてきた。日系を始め数多くの外国企業は独資で中国に進出し，完成車メーカーへの部品の供給網を構築した。

　エンジンやトランスミッションなどガソリン車の基幹部品を手掛けるには高度な技術力が必要だが，独資では中国側には技術が移転されない。このため，技術力で勝る外国勢に対抗できるような中国の有力な部品メーカーは思うよう

に育たなかった。

　一方，EV 化が進んでガソリン車の地位が低下すれば，中国が携帯電話や家電で培ってきた電子部品の技術力が自動車産業でも発揮され，ガソリン車とは全く異なる独自のサプライチェーンが形成される日が訪れるかもしれない。

　そうなると，日本のように完成車メーカーが部品メーカーを囲い込み「系列」を形成したような，旧来の産業ピラミッドは根底から覆される。既存の大手は優位性を失い，むしろ小米のように，もともと中国の電子部品とつながりの深い異業種企業の方が EV 産業で競争力を発揮するだろう。

　中国の自動車産業は改革開放路線が始まって以来，長く外国勢に牛耳られてきた。1980 年代にいち早く進出して乗用車の生産を始めた独フォルクスワーゲンをはじめ，ガソリン車市場の過半は外資系企業に握られ，技術も多くは外国頼りだった。家電や携帯電話などでは日本や欧米を追い越して世界的な地位を築いた中国にとって，自動車産業における自主独立路線の確立は長年の悲願である。

　中国政府系投資銀行の中国国際金融（CICC）は，中国の乗用車の新車販売台数に新エネ車が占める比率が 2050 年には 90％に達するとの予測を示している。特に向こう 10 年は爆発的に比率が上がるとみており，中国ブランドの成長がその割合を大幅に押し上げるという。一方，ガソリン車市場は一般的な予測よりも早いペースで縮小するとの見方で，保有台数は 25 年までに減少に転じる可能性があると指摘する。

　EV は自動車産業の構造を大きく変えるだろう。そして，中国企業が世界をリードする「ゲームチェンジャー」となるかもしれない。

執筆者紹介

編著者

遊川 和郎 (ゆかわ かずお)　亜細亜大学アジア研究所教授　(第1, 8章)

湯浅 健司 (ゆあさ けんじ)　日本経済研究センター首席研究員兼中国研究室長　(序文, 序章, 第4, 11章)

著者 (執筆順)

呉 軍華 (ご ぐんか)　日本総合研究所上席理事　(第2章)

佐々木 智弘 (ささき のりひろ)　防衛大学校人文社会科学群国際関係学科教授　(第3章)

澤田 ゆかり (さわだ ゆかり)　東京外国語大学・総合国際学研究院教授　(第5章)

露口 洋介 (つゆぐち ようすけ)　帝京大学経済学部教授　(第6章)

染野 憲治 (そめの けんじ)　早稲田大学現代中国研究所招聘研究員　(第7章)

新川 陸一 (にいかわ りくいち)　NTTデータ (中国) 投資有限公司チーフストラテジーオフィサー　(第9章)

山田 周平 (やまだ しゅうへい)　日本経済研究センター研究員　(第10章)
(日本経済新聞社編集ビジネス報道ユニット担当部長)

習近平「一強」体制の行方

2022年10月1日　第1版第1刷発行　　　　　　　検印省略

編著者　遊　川　和　郎
　　　　湯　浅　健　司

発行者　前　野　　　隆

発行所　株式会社　文　眞　堂
東京都新宿区早稲田鶴巻町533
電話　03 (3202) 8480
FAX　03 (3203) 2638
http://www.bunshin-do.co.jp/
〒162-0041 振替00120-2-96437

製作・モリモト印刷
© 2022
定価はカバー裏に表示してあります
ISBN978-4-8309-5191-6　C3033